Zweiter W

History

ZWEITER WELTKRIEG

First edition. October 7, 2024.

Copyright © 2024 History Nerds.

ISBN: 979-8227587312

Written by History Nerds.

Inhaltsverzeichnis

Einleitung: Erfahren Sie mehr über den Zweiten Weltkrieg

Es ist eine traurige Tatsache – eine, mit der wir uns schwer abfinden können –, dass das 20. Jahrhundert von verheerenden und anhaltenden globalen Konflikten geprägt war. In einer Welt sich verschiebender sozioökonomischer Positionen, die sich noch von den verheerenden Auswirkungen des Großen Krieges erholte, waren die Umstände alles andere als ideal. Noch bevor die Narben verheilt waren, stürzte Europa in eine neue und weitaus grausamere Katastrophe: den Zweiten Weltkrieg. Während wir versuchen, diesen globalen Konflikt mehr als 70 Jahre nach seinem Ende zu bewältigen, müssen wir uns bewusst sein, dass er für viele Menschen auf der Welt immer noch eine schmerzende Wunde darstellt. Eine Wunde, die einfach nicht heilen will und deren Schmerz tief verwurzelt ist. Die Auswirkungen des Zweiten Weltkriegs waren vielfältig und bedeutend und haben in vielerlei Hinsicht das Leben geprägt, das wir heute führen. Aus diesem Grund müssen wir eine neutrale, kritische Haltung einnehmen, wenn wir auf diese dunkle Seite der Weltgeschichte eingehen. Eine Sicht des Unbeteiligten, in der es keine politischen und religiösen Zugehörigkeiten gibt, sondern nur ein gründliches Verständnis des Schmerzes, des Leidens und der universellen Gedankenlosigkeit eines globalen Krieges.

In dem folgenden Buch werden wir die wesentlichen Momente des Zweiten Weltkriegs behandeln – jene prägenden Ereignisse der modernen Geschichte, deren Ausmaß das Schicksal des gesamten Globus bestimmte. So kam es, dass nur zwei Jahrzehnte nach dem Ende des Großen Krieges, dessen Ausmaß und Verwüstung die Welt noch nie zuvor gesehen hatte, Europa erneut am Rande eines Konflikts stand. Der Zustand, in dem unser Kontinent nach dem Waffenstillstand von 1918 zurückgelassen wurde, war noch immer voller ungelöster Probleme und unbeantworteter Fragen, und die großen Mächte der Welt konkurrierten erneut um Reichtum und Einfluss. Mit neuen politischen Bewegungen, mit alten Wunden, die noch weit offen klafften, und mit dem unaufhörlichen Durst nach Macht war der Krieg eine ständig drohende Gefahr. Es war der langsam aufbauende Rhythmus von Intrigen und Politik, der in den 1930er Jahren stetig anstieg und zu einem ohrenbetäubenden Crescendo des *Krieges* anwuchs.

Der Zweite Weltkrieg begann am 1. September 1939, und von seinen allerersten feurigen Schüssen an bestimmte er das Tempo dieser neuen und modernisierten Form der Kriegsführung. Es war ein Krieg wie kein anderer. Es war der moderne Krieg. Er übertraf den Großen Krieg der frühen Jahre des 20. Jahrhunderts und überschattete dessen Ausmaß und Komplexität. Die revolutionären neuen Technologien, die in jenem „Krieg, der alle Kriege beenden sollte" entwickelt wurden, formte der zweite globale Krieg zu etwas völlig anderem um. Zu etwas Verheerendem und etwas Höllischem. Verwüstung herrschte ungehindert, der Tod triumphierte – bei jedem Schritt. Dies ist die traurige Geschichte, die in den Köpfen und Herzen vieler Menschen noch immer nachhallt. Die traurige Geschichte, die Europa befleckte und so viele seiner Söhne und Töchter dahinraffte. Dies ist die Geschichte des Zweiten Weltkriegs.

Eine Welt im Aufruhr: Hintergrund und Ursachen des Zweiten Weltkriegs

Der Erste Weltkrieg verwüstete das damals traditionelle Europa und seine kämpfenden Nationen. Es war ein enormer Wandel von einer Ära in eine andere, und leider ein sehr gewalttätiger dazu. Die Welt, die gerade erst den Aufstieg der Industrie und all die neuen Technologien, die sie mit sich brachte, erlebte, konnte mit der großen klaffenden Lücke zwischen dem Alten und dem Neuen nicht Schritt halten. Militärtaktiken waren veraltet, während die Kriegsführung modernisiert wurde - die Reibung zwischen beiden hatte verheerende Auswirkungen auf den einfachen Soldaten. Und in der Folge des Großen Krieges ging Europa gründlich verändert hervor. Die ehrwürdigen Reiche von einst waren verschwunden: und zwar für immer. Auf ihren Ruinen entstanden neue Nationen, und es bildete sich ein völlig neues wirtschaftliches, soziales und politisches Bild. Damit sich diese neuen Veränderungen festigen und Zusammenhalt gewinnen konnten, war vor allem Zeit nötig. Aber Europa hatte keine Zeit zu verschenken. Als der Große Krieg 1918 endete, war der erreichte Waffenstillstand eine harte Strafe für das besiegte Deutschland und seine Verbündeten. In jeder Hinsicht äußerst einschränkend, hielt er Deutschland in Schach - in jeder Hinsicht. Ihre Militärindustrie wurde nahezu ausgelöscht, mit nur minimalen Fähigkeiten und erlaubtem Personal. Als Nation wurde ihre Kampfkraft auf null reduziert. Unnötig zu erwähnen, dass die wirtschaftliche Mühsal für Deutschland - und die meisten anderen Nationen Europas ebenso - katastrophal war. Mit Ressourcen, die erschöpft waren, um die Öfen des *Krieges* zu befeuern, war der vor ihnen liegende Weg von Krisen und Armut geprägt. Und auf der Asche des Deutschen Reiches entstand eine neue Nation, die Weimarer Republik. Große Unzufriedenheit kam in dieser Nation in den

Nachkriegsjahren auf, als sie mit der Zahlung von Reparationen an die Sieger des Großen Krieges kämpfte. Der Nationalismus war in ganz Europa immer noch im Aufschwung, wie schon vor dem Großen Krieg. Man könnte meinen, dass ein so verheerender Konflikt wie der Erste Weltkrieg die Menschen in Europa zur Vernunft bringen und ihre feurigen patriotischen Leidenschaften dämpfen würde. Aber leider - er diente nur dazu, den bereits bestehenden Hass, den Nachbarn hegten, zu vertiefen und machte die neuen Generationen mit den Schmerzen ihrer Väter vertraut - die Rechnung war noch nicht beglichen.

Um die Sache noch schlimmer zu machen, stand die ganze Welt vor einer völlig neuen Krise. Als ob sie aus einem hässlichen und schwierigen Traum erwachte, versuchte die Welt, ihre Wunden durch Ausschweifung und Extravaganz zu heilen. Die brausenden Zwanziger waren geprägt von neuen und aufregenden Trends in Mode und Kultur, von wirtschaftlichem Wachstum und künstlerischem Boom. Vielleicht in dem Versuch, das Blut, den Schlamm und den unvergesslichen Schmerz und Tod des Großen Krieges zu vergessen, stürzte sich die westliche Gesellschaft kopfüber in einen blendenden Wirbelsturm der Ausschweifung und des Hedonismus, als ob sie ihre Sinne betäuben wollte. Bekannt als das *Jazz-Zeitalter*, blühte es in den Vereinigten Staaten auf, von wo aus sich die Trends bald in ganz Europa und der Welt verbreiteten. Aber diejenigen, die von den blendenden Lichtern des Nachtlebens und den schillernden Orchestern hypnotisiert waren, sollten bald einen neuen Weckruf erhalten. Denn wann immer man versucht, hoch zu fliegen, fällt man abrupt auf den Boden zurück, wenn das Dopamin nachlässt. Der große Börsencrash in Amerika, der sogenannte *Börsencrash von 1929*, führte den Westen in eine weit verbreitete Wirtschaftskrise und wischte prompt die Lächeln weg, die die Roaring Twenties auf den Gesichtern so vieler zementiert hatten. Die 1930er Jahre kamen, und sie waren völlig anders. Üblicherweise wird angenommen, dass sie 1929 begann und bis in die späten 1930er Jahre andauerte, die *Große Depression* war das Jahrzehnt, das dem vorangegangenen so vollkommen entgegengesetzt war. Von den Vereinigten Staaten ausgehend und sich in jeden anderen Winkel der Erde ausbreitend, brachte diese schwere Wirtschaftskrise die Welt zum Stillstand. Ein so rapider und intensiver Rückgang der Weltwirtschaft war in der Welt noch nie zuvor gesehen worden. Das weltweite BIP (Bruttoinlandsprodukt) fiel um etwa 15% und mehr, und der internationale Handel ging um etwa 50% zurück. Die Arbeitslosigkeit stieg weltweit in die Höhe und lag in vielen europäischen Ländern bei 33%. In Deutschland wurde die Situation mit jedem Jahr prekärer. Die wirtschaftlichen Schwierigkeiten und die Depression belasteten sowohl die Gesellschaft als auch die Regierung stark, und die Nation war zwischen dem linken und rechten politischen Spektrum zerrissen. Aber schon 1919 begann Deutschlands Rechte ihren langsamen Aufstieg zur Macht, angeführt von einer neuen Figur in ihrer Politik - *Adolf Hitler*. Sein entschlossener Aufstieg begann, als er der politischen Partei namens *Deutsche Arbeiterpartei, DAP* beitrat. Schon im nächsten Jahr, 1920, wurde dieser Name in *Nationalsozialistische Deutsche Arbeiterpartei, NSDAP* geändert. Es war die rechte Hälfte des zersplitterten Bildes Deutschlands - eine totalitäre, hart rechte Bewegung, die dem Marxismus gegenüberstand und von den Ungerechtigkeiten des Waffenstillstands nach dem Großen Krieg stark gezeichnet war. Hitler stieg schnell zu Prominenz auf und gewann Anhänger mit seinen eifrigen, feurigen Reden und Ideen, die den einfachen, hart arbeitenden und verarmten deutschen Bürger anzogen. 1923 organisierte Adolf Hitler den sogenannten *Bierhallen-Putsch* in München, einen Putschversuch des nunmehrigen NSDAP-Parteiführers. Zwischen dem 8. und 9. November 1923 versuchte er, mit etwa zweitausend seiner nationalsozialistischen Anhänger die Macht zu ergreifen. Zu diesem Zeitpunkt war die früheste Form des späteren Nazi-Images entstanden - die erkennbaren Uniformen, *Stahlhelme* und die rot-weißen Hakenkreuz-Armbinden.

Der Putsch scheiterte, und Hitler wurde verhaftet und wegen Hochverrats angeklagt. Sein anschließender 24-tägiger Prozess war Gegenstand einer enormen Medienberichterstattung, die in der ganzen Welt widerhallte, und er wurde zum Mittelpunkt der deutschen Öffentlichkeit. Seine Ansichten und Richtlinien, die er während seines Prozesses propagierte, brachten ihm viele neue Anhänger im ganzen Land und sogar über dessen Grenzen hinaus ein. Zu fünf Jahren Gefängnis verurteilt, wurde er nach nur neun Monaten seiner verbüßten Strafe entlassen, wonach er seinen Aufstieg zur Macht fortsetzte, wenn auch mit legalen Mitteln, und er wurde zur führenden Kraft in der deutschen Politik.

Anderswo in Europa waren totalitäre und rechtsextreme Regime ebenfalls im Aufstieg begriffen. In Italien war Benito Mussolini Hitler bei seinem eigenen Aufstieg zur Macht sogar voraus. Ebenfalls unzufrieden mit den Auswirkungen des Großen Krieges, empfanden die Italiener großen Groll gegenüber den Briten und Franzosen, da sie die gemachten Versprechungen nicht einhielten. Mussolini wurde zum Kopf der *faschistischen* Bewegung, einer Ideologie, die er mitentwickelte. Sie wurzelte in revolutionären Ansichten und war im Wesentlichen eine irredentistische und revanchistische Form des Nationalismus, die die Wiederherstellung und Ausweitung italienischer Territorien anstrebte. Die Faschisten Italiens propagierten die Idee des Neuen Rom, einer Fortsetzung des Alten Römischen Reiches, sowie die Ausweitung und Kontrolle des Mittelmeerraums. Als totalitäre Doktrin aufsteigend, wandte sich der Faschismus gegen alle Formen des Liberalismus und bezeichnete ihn als „Scheitern des Individualismus". Stattdessen schlugen sie Einheit vor, eine Art geteilte Mentalität, die dem italienischen Volk als Ganzes zugute kommen sollte. In wirtschaftlicher Hinsicht strebte der Faschismus jedoch danach, *Korporationen* zu fördern - ein System, in dem Arbeitnehmer um Syndikate herum zentriert und mit ihren Arbeitgebern verbunden sind, um nationalisierte Produzenten zu repräsentieren, die gemeinsam mit dem italienischen Staat auf eine allgemein vorteilhafte nationale Wirtschaftspolitik hinarbeiten. Mussolini ergriff zwischen 1922 und 1925 die Macht in Italien, wurde der bis dahin jüngste Premierminister und kämpfte darum, Italien wieder zu einer Weltmacht zu machen. Nachdem er in den folgenden Jahren seine Autorität gefestigt hatte, begann er, den Einfluss Italiens auszuweiten und eine Prämisse für den Krieg zu schaffen.

Währenddessen schien der Aufstieg Adolf Hitlers unaufhaltsam und wurde zu einer großen Sorge für die anderen Großmächte Europas, hauptsächlich jene, die Mitglieder der Alliierten im Ersten Weltkrieg waren. Tatsächlich wurde er in seiner Heimat so einflussreich, dass Hitler 1933 die Wahl gewann und Reichskanzler wurde. Die Nationalsozialisten wurden so zur führenden Macht und begannen sofort mit der Wiederherstellung der zerstörten deutschen Wirtschaft. Hitler führte eine Vielzahl neuer Maßnahmen ein, von denen viele die Erneuerung des Staates in die Hände der Bürger legten. Staatliche Industrien wurden privatisiert, Importe mit Zöllen belegt und nationale wirtschaftliche Autarkie eingeführt. Die Nationalsozialisten gingen auch Partnerschaften mit allen großen deutschen Industrien der Zeit ein, die sich bald nach ihrem Aufstieg zur Macht auf ein komplexes Aufrüstungsprogramm konzentrierten. Einige dieser Industrien sollten später eine entscheidende Rolle in der Entwicklung des Zweiten Weltkriegs spielen: Krupp, Bosch, Daimler-Benz, Henschel, Junkers, Siemens, Volkswagen, Alkett, Hanomag und viele andere. Darüber hinaus wurden zahlreiche Sozialpolitiken eingeführt, die der Mittel- und Unterschicht zugutekamen und dem einfachen Bürger die Chance gaben, sich aktiv an der Gestaltung dessen zu beteiligen, was als bessere Zukunft propagiert wurde. Dies wurde auch durch den Sozialdarwinismus gefördert, der von der NSDAP weit verbreitet wurde.

Nicht lange nach der Machtübernahme begann Hitler mit einer raschen und umfangreichen Aufrüstung Deutschlands. Die

Militärausgaben stiegen auf mehr als 10% des Bruttosozialprodukts, was eine enorme Summe darstellte. Heimlich wurde an neuen Militärtechnologien, Prototypenwaffen und Mechanisierung gearbeitet. Deutschland folgte den Entwicklungen in anderen Nationen genau und blieb nicht zurück. Die genannten Unternehmen waren damit beschäftigt, fortschrittliche Flugzeug- und Panzerdesigns zu entwickeln, von denen einige alle zu dieser Zeit in Europa verfügbaren bei weitem übertrafen. Mit der Zeit begann Hitler, häufig seinen Plan eines erweiterten *Lebensraums* zu erwähnen, einen neuen „Lebensraum" für das deutsche Volk, der ihm seiner Meinung nach rechtmäßig zustand und erobert werden musste. Später brach er offen den Versailler Vertrag – dieses Relikt des Ersten Weltkriegs – indem er im März 1936 die entmilitarisierte Rheinlandzone wieder besetzte, gefolgt vom *Anschluss* Österreichs, d.h. seiner Annexion. Dies war Hitlers erstes Ziel, die nationalen Grenzen Deutschlands von 1914 wiederherzustellen und ein Weg zum „Großdeutschen Reich". Für alle Mächte Europas deutete Hitlers Handeln auf eines und nur eines hin – *Krieg*.

Selbst in Asien war die Lage unruhig und alle Linien verschwommen. China wurde zum Brennpunkt der Konflikte in diesem Teil der Welt, wo der Erste Weltkrieg ebenso nichts gelöst hatte. Auch hier war es durch zwei große Parteien gespalten – die *Kuomintang*, die Chinesische Nationalpartei, und die Kommunistische Partei Chinas. Ihr Konflikt eskalierte zum *Chinesischen Bürgerkrieg*, der mit Unterbrechungen mehr als 20 Jahre andauerte. Und wie in den Jahren zuvor erhielten die chinesischen Nationalisten Unterstützung von Deutschland, während die kommunistische Partei von der Sowjetunion unterstützt wurde. Diese neuen Allianzen zeichneten ein klares Bild der Akteure des nächsten großen Konflikts. Auch Japan wurde durch den chinesischen Konflikt aufgerüttelt. Das Japanische Kaiserreich, das lange danach strebte, Asien zu dominieren, befand sich in den Jahren vor dem Zweiten Weltkrieg in einem stetigen militaristischen Aufstieg. Auch hier entwickelte sich eine starke Militärindustrie, die nach neuen Fortschritten in Kriegstechnologien suchte. Nach einem inszenierten Zwischenfall begannen die Japaner im September 1931 ihre Invasion der Mandschurei – einer Region in China. Nach einigen Monaten des Kampfes gelang es den Japanern, einen Marionettenstaat zu schaffen – Mandschukuo. All diese Ereignisse trugen dazu bei, die Bühne für etwas Schreckliches und Weitreichendes zu bereiten.

In der Morgendämmerung des Zweiten Weltkriegs kennzeichneten mehrere entscheidende Ereignisse Europas wachsende Unruhe. Noch vor Hitlers Annexion Österreichs trübte Italien die Gewässer des Friedens mit seiner Invasion Äthiopiens. Auf der Suche nach einer Erweiterung des italienischen „Reiches", d.h. einer Ausweitung seiner Territorien in Afrika, manifestierte Benito Mussolini seine expansionistische Politik, indem er seinen Blick auf Äthiopien richtete. Jahre zuvor hatte Mussolini Italien in einen langwierigen und erbitterten Konflikt in Libyen verwickelt, um es zu „befrieden". Die sogenannte Befriedung Libyens war ein mühsamer Krieg, der von 1923 bis 1932 dauerte und gegen einheimische Rebellen geführt wurde. Am Ende gelang es Italien, den Sieg zu erringen und seine Herrschaft dort zu festigen. Aber nun, 1935, wurde Äthiopien das nächste Ziel. Der als *Zweiter Italienisch-Äthiopischer Krieg* bekannte Konflikt dauerte bis 1937. Die Italiener begannen den Krieg überraschend, ohne vorherige Kriegserklärung, im Oktober 1935 mit Angriffen aus ihrer afrikanischen Kolonie Eritrea. Obwohl Äthiopien eine Nation mit einem langen Erbe war, war es in jeder Hinsicht noch weitgehend unterentwickelt, besonders militärisch. Dies bedeutete, dass der Krieg hauptsächlich von wiederholten Niederlagen der Äthiopier und italienischer Überlegenheit in jeder Hinsicht geprägt war. Nach dem Ende des Krieges, der zur italienischen Besetzung Äthiopiens führte, wurde der italienische König Viktor Emanuel III. zum Kaiser proklamiert, und die besetzten Provinzen Äthiopiens, Eritreas und

Somalilands wurden zum neu gebildeten Italienisch-Ostafrika organisiert.

In Asien drohte die japanische Invasion der Mandschurei, sich zu etwas Größerem auszuweiten und neue Gegner einzubeziehen. Und ein solcher Feind war die Sowjetunion. Von 1932 bis 1939 gerieten die Japaner und die Sowjets in eine Reihe sporadischer Konflikte entlang ihrer Grenzen, die zusammen als Sowjetisch-Japanischer Grenzkrieg bekannt sind. In gewissem Sinne war es eine direkte Reaktion der Sowjetunion auf Japans aggressive Expansionspolitik, da die Demarkationslinie zwischen diesen beiden Nationen zum Fokus anhaltender Streitigkeiten wurde. Der Konflikt wuchs langsam in seinem Ausmaß und konzentrierte sich auf die sowjetischen und japanischen Klientelstaaten – die Mongolei und Mandschukuo. Er gipfelte 1939 in der *Schlacht am Chalchin Gol.* Als eine der größten Schlachten in Ostasien bis zu diesem Zeitpunkt war Chalchin Gol von weitreichenden Manövern, massiven Infanterieangriffen und großen Panzerschlachten geprägt. Es war ein großes Testgelände für die Zukunft der Panzerkriegsführung – sowohl sowjetische als auch japanische leichte Panzer spielten eine entscheidende Rolle in der Schlacht und ebneten den Weg für neue Strategien. Die Schlacht dauerte von Mai bis September 1939 und endete mit einem sowjetischen Sieg, hauptsächlich aufgrund der Überlegenheit an Mannstärke. Nach der Niederlage der japanischen 6. Armee unterzeichneten die beiden Gegner einen Waffenstillstand und den sowjetisch-japanischen Neutralitätspakt.

Der Spanische Bürgerkrieg und der Aufstieg des Faschismus

Ein weiterer entscheidender Vorläufer des Zweiten Weltkriegs war zweifellos der Spanische Bürgerkrieg. Dieser verheerende Konflikt, der von 1936 bis 1939 durch Spanien tobte, bot einen kritischen Einblick in die gegnerischen Seiten eines zukünftigen Krieges. Er stellte zwei Seiten gegenüber, die Republikaner und die Nationalisten, die jeweils von großen europäischen Mächten unterstützt wurden. Erstere waren linksorientierte Loyalisten der liberalen Zweiten Spanischen Republik und ihrer *Volksfront*-Regierung. Sie verbündeten sich mit Kommunisten und Anarchisten und erhielten erhebliche militärische Unterstützung von der kommunistischen Sowjetunion. Auf der anderen Seite standen die Nationalisten unter der Führung von General Francisco Franco in einem Aufstand zur Absetzung der Zweiten Spanischen Republik. Sie bestanden aus Monarchisten, Traditionalisten und sogenannten *Falangisten*. Sie wurden vom nationalsozialistischen Deutschland und vom faschistischen Italien unterstützt. Der Spanische Bürgerkrieg lässt sich nicht in einem einzigen Aspekt charakterisieren – es war ein komplexer Konflikt, der, obwohl er sich auf Spanien und seine inneren Angelegenheiten konzentrierte, die Einmischung sowohl Nazi-Deutschlands als auch der Sowjetunion auf sich zog. Viele Historiker bezeichneten ihn daher als eine „Generalprobe für den Zweiten Weltkrieg", da er den perfekten Einblick in den Konflikt bot, auf den Europa mit rasender Geschwindigkeit zusteuerte. Dieser Bürgerkrieg hatte viele verschiedene Aspekte – er war sowohl ein Klassenkampf als auch ein Religionskrieg; eine große Kluft zwischen republikanischer Demokratie und Diktatur; sowohl eine Revolte als auch eine Gegenrevolte; und letztendlich – ein Krieg zwischen Kommunismus und Faschismus.

Der Spanische Bürgerkrieg begann 1936, nachdem eine Reihe von Generälen der Streitkräfte der Republik unter der Führung der Generäle Emilio Mola und José Sanjurjo y Sacanell einen Aufstand gegen die Republik erklärt hatten. Es war ein Militärputsch und der Höhepunkt der faschistisch-kommunistischen Spannungen, die dieses Land beherrschten. Obwohl er nur 2 Jahre dauerte, war es ein verheerender Zusammenstoß, der mehrere widerstreitende Ideologien und Parteien gegeneinander aufbrachte. Und genau wie Chalchin Gol im fernen Asien war auch dieser Bürgerkrieg ein Testgelände für allerlei neue Militärtechnologien. Noch wichtiger war, dass er ein Sprungbrett für General Francisco Franco war, dessen nationalistische Fraktion siegreich aus diesem brutalen Krieg hervorgehen und ihn an die Spitze des neuen spanischen Staates stellen würde, in dem er bis 1975 als Diktator herrschen sollte.

Das Crescendo der Spannungen erreichte im Herzen Europas eine ohrenbetäubende Lautstärke. Adolf Hitlers zunehmend dreistere Züge versetzten alle in Alarmbereitschaft, während die Aussicht auf Krieg drohend über allem schwebte. Deutschlands Expansionismus und Irredentismus wurden zunehmend aggressiver und von den großen alliierten Mächten unkontrolliert. Hitlers Annexion Österreichs 1938 verursachte nicht so viel Aufsehen, wie er erwartet hatte, was seine gierige Politik nach mehr Territorium und Pangermanismus nur noch bestärkte. Er erhob Ansprüche auf angeblich traditionell deutsch besiedelte Gebiete, was keineswegs der Wahrheit entsprach. Die meisten Länder, die er anstrebte, waren seit Jahrhunderten von slawischen Bevölkerungen bewohnt. Eine solche Region war das *Sudetenland*, damals ein Gebiet der Tschechoslowakei. Hitler begann, seinen Anspruch zunehmend geltend zu machen und sich seiner Besetzung zu nähern. Der Druck veranlasste die alliierten Mächte, Hitlers Forderungen nachzugeben, und das Sudetenland wurde ihm 1938 durch das sogenannte *Münchner Abkommen* zugesprochen. Eine neue und kämpfende Nation, die Tschechoslowakei, stand stumm da, während sie von den wirkenden Mächten Stück für Stück zerrissen wurde. Und obwohl das Abkommen von Hitler verlangte, keine weiteren territorialen Ansprüche zu stellen, zwang er kurz darauf die Tschechoslowakei dazu, weitere Gebiete im Osten an seinen Verbündeten Ungarn abzutreten, während Polen einschritt, um eine Region im Nordosten zu beanspruchen.

Dennoch wollte Hitler *mehr*. Das Münchner Abkommen war eigentlich ein wirksamer Weg, um ihn daran zu hindern, die Tschechoslowakei vollständig zu besetzen, was in Deutschland große Wut auslöste. Hitler setzte daher seine aggressive Expansionspolitik fort und begann 1939 mit seiner weitgehend geheimen Marineaufrüstung, durch die er plante, die britische Seeherrschaft zu überschatten – genau wie in den Jahren vor dem Großen Krieg. Dann, das von ihm unterzeichnete Abkommen missachtend, fiel er 1939 in den Rest der Tschechoslowakei ein. Dabei schuf er den prodeutschen Marionettenstaat Slowakische Republik und erklärte die von ihm besetzte Region zum *Protektorat Böhmen und Mähren*. Das Tempo des Expansionismus wurde unmöglich aufrechtzuerhalten, und Europa veränderte einmal mehr rasch seine Form – und genau wie einige Jahrzehnte zuvor bedeutete dies eine Katastrophe. Im Süden war auch Mussolini ruhelos. Er warf seinen Schatten weiter über die Grenzen Italiens hinaus und fiel im April 1939 in das Königreich Albanien auf dem südlichen Balkan ein. Mit einer Dauer von etwa 5 Tagen war es ein kurzer und erfolgreicher Militärfeldzug für die Italiener, der auf beiden Seiten nur minimale Verluste zur Folge hatte. Albaniens König Zogu I. wurde ins Exil nach Griechenland gezwungen, und so wurde Albanien Teil des sich rasch ausdehnenden italienischen Reiches. Die zugrunde liegenden Ursachen für diese Invasion waren rein strategischer Natur – Italien erhob seit langem Ansprüche auf diesen Teil Europas, da die Seelage der albanischen Häfen Italien die perfekte Kontrolle über den Zugang zur Adria geben würde und somit ihren Einfluss im Mittelmeer erweiterte. Und während das Vereinigte Königreich und Frankreich den kämpfenden osteuropäischen Nationen Polen, Rumänien und Griechenland eine Unterstützungsgarantie anboten, schlossen Italien und Deutschland auf der anderen Seite ein formelles Bündnis, bekannt als der *Stahlpakt*.

Die Situation eskalierte bald, als Hitler seine dreisten Politiken fortsetzte und Großbritannien und Polen beschuldigte, Deutschland einkreisen zu wollen, was auf ihr kürzlich bestätigtes Abkommen anspielte. Er kündigte umgehend den bestehenden deutsch-polnischen Nichtangriffspakt, und es wurde schnell offensichtlich, dass sein nächstes Ziel Polen war. Ende August 1939 begannen deutsche Truppen, sich an den Grenzen zu Polen zu sammeln, während die Spannung einen Höhepunkt erreichte. Hitler nutzte die Gelegenheit, um die deutsche Einflusssphäre in Europa weiter auszubauen, und unterzeichnete einen Nichtangriffspakt mit der Sowjetunion. Am 23. August 1939 unterzeichnet, war er als Hitler-Stalin-Pakt bekannt und war in Wirklichkeit ein geheimes Protokoll, das die östlichen Regionen Europas zwischen diesen beiden Giganten aufteilte. Hitler wählte für seine Einflusssphäre die Regionen, die er zuvor für seinen *Lebensraum* ins Visier genommen hatte. Dies waren Westpolen und Litauen. Auf der anderen Seite umfasste Stalins Einflusssphäre Ostpolen, Lettland, Estland, Finnland und die Region Bessarabien. In gewisser Weise war dieser Pakt ein geschickter Schachzug Hitlers und garantierte, dass Deutschland zumindest in den Anfangsphasen keinen Krieg an zwei Fronten erleiden musste.

Der Krieg beginnt: Der Einmarsch in Polen, 1939

Der 1. September 1939 war der Tag, an dem Europa endlich dem Krieg erlag, der so lange über ihr schwebte. In der Nacht zuvor, am 31. August, inszenierten die Deutschen angeblich einen Grenzzwischenfall, der als Vorwand für eine Invasion dienen sollte. Bekannt als der *Überfall auf den Sender Gleiwitz*, involvierte er deutsche SS-Offiziere (Schutzstaffel), die sich als polnische Nationalisten verkleideten und einen Angriff unter falscher Flagge orchestrierten. Dies wurde in einem Prozess 1945 als wahr bestätigt. Dennoch wurde es mit mehreren ähnlichen „Vorfällen" gepaart, die alle als stichhaltiger Grund für Hitler dienten, in Polen einzumarschieren. Dies tat er am Morgen nach dem Vorfall, als die deutschen Streitkräfte von Norden, Süden *und* Westen in Polen einfielen. Die Anfangsphasen der Invasion waren von einem strategischen polnischen Rückzug geprägt, da sie die vorderen Stellungen zugunsten der besseren Verteidigungslinien weiter östlich aufgaben. Es war jedoch von Anfang an klar, dass die deutschen Streitkräfte in zahlreichen Aspekten erhebliche Vorteile hatten. Sie waren nicht nur zahlenmäßig überlegen, sondern auch in der Anzahl der Panzer und gepanzerten Fahrzeuge. Sie prahlten auch mit neuen und revolutionären strategischen Doktrinen, insbesondere dem *Blitzkrieg*, über den wir später noch mehr sprechen werden. Es wurde auch großer Wert auf die Luftüberlegenheit gelegt, mit einer Vielzahl von leichten Jagdflugzeugen und Bombern zu ihrer Verfügung.

Andererseits stellte die polnische Armee etwa eine Million Mann weniger als die Deutschen auf. Darüber hinaus hinkten sie in jeder Hinsicht hinterher, wenn es um die Rüstungsindustrie ging. Panzer, die eine entscheidende Rolle im Krieg spielen sollten, standen den Polen zwar zur Verfügung, allerdings in geringer Zahl und mangelnder

Qualität. Der Großteil davon waren im Inland produzierte 7TP-Panzer – Ableitungen des britischen Vickers 6-Tonners – sowie die lokalen TKS-Tanketten, kleine und leicht bewaffnete Zweimannfahrzeuge. Ihre Luftwaffe war ebenfalls veraltet und zahlenmäßig unterlegen. All dies deutete auf einen großen Kampf für die Polen hin, als sie sich zu verteidigen versuchten. Als Teil der neuen deutschen Strategie wurden die Angriffe sowohl zu Land als auch in der Luft koordiniert. Besessen von völliger Zerstörung stürzte sich der deutsche Riese mit beispielloser Grausamkeit auf die kämpfende slawische Nation Polen. Hitler hatte bei der anfänglichen Invasion nur ein Ziel – Polen zu erobern und dies so schnell wie möglich zu tun. Um dieses Ziel zu erreichen, verließ sich Hitler auf seine wichtigste Taktik des Zweiten Weltkriegs – den *Blitzkrieg*. Konzipiert, um dem Feind einen schnellen und strategischen Schlag zu versetzen, konzentrierte er sich stark auf hochmobile mechanisierte Infanterieformationen mit Unterstützung aus der Luft. Wie eine Speerspitze sollte ein solcher Angriff die feindlichen Verteidigungslinien durchdringen, tief hinter sie gelangen und dann ihre Überreste einkreisen. Für Hitler wurde diese Strategie aufgrund der deutschen Innovationen in der Panzerfahrzeugindustrie möglich – schnelle Panzer mit guter Mobilität und akzeptabler Panzerung waren entscheidend für die Erreichung der Ziele des Blitzkriegs und halfen ihm, diese schnellen Siege zu Beginn des Krieges zu erringen.

Als die Deutschen in Polen einmarschierten, taten sie dies mit einem „zweifachen Ansatz". Der Angriff am Boden wurde im Einklang mit dem brutalen Angriff aus der Luft geführt: Die deutsche *Luftwaffe* griff eine Reihe von militärischen *und* zivilen Zielen an und verließ sich auf massive Bombardements, um Schock und Überraschung zu verursachen. Die polnische historische Stadt Wieluń war das erste solche Ziel der Invasion – sie wurde sehr früh in Schutt und Asche gelegt, als Zeugnis der verheerenden Luftmacht der Luftwaffe. Zwei Tage nach den ersten Zusammenstößen in Polen erklärten sowohl

Frankreich als auch Großbritannien Deutschland den Krieg. Hitlers Einmarsch in Polen schien jedoch für die deutschen Streitkräfte keine allzu große Herausforderung darzustellen. Mit entscheidenden und geplanten Luftangriffen – durch die wichtige Kommunikationsverbindungen in Polen unterbrochen wurden – konnte die deutsche Armee ihr Ziel des schnellen Vormarsches erfüllen und angesichts der sich zurückziehenden polnischen Armee große Fortschritte machen. Der Luftwaffe gelang es auch, ihre Luftüberlegenheit so schnell wie möglich zu sichern. So kam es, dass nur 48 Stunden nach Beginn der Invasion die Mehrheit der polnischen Militärflughäfen zerstört und die polnische Luftwaffe dezimiert war.

Große polnische Städte begannen bald, an die Deutschen zu fallen: Warschau wurde zunächst schwer bombardiert und ein Großteil davon in Schutt und Asche gelegt. Es wurde dann um den 13. September belagert, um am 28. September zu fallen. Während dieser Zeit wurde eine entscheidende Schlacht der Invasion Polens geführt, bekannt als die *Schlacht an der Bzura*. Sie dauerte vom 9. bis zum 19. September 1939 und war ursprünglich als große polnische Gegenoffensive geplant, aber nachdem sie scheiterte, gelang es den Deutschen, sie zu umgehen und zu gewinnen. Der Sieg gab den Deutschen die Kontrolle über ganz Westpolen. Es war sicherlich die blutigste Schlacht der Invasion und forderte auf beiden Seiten viele Opfer.

Die Polen kämpften heldenhaft, hatten aber letztendlich keine Chance, dem Ansturm ihrer Feinde standzuhalten. Zahlreiche isolierte Taten ragen als die definierenden Heldentaten tapferer polnischer Soldaten heraus. Der berühmte Angriff bei Krojanty ist eine solche heroische Tat, bei der das Kavallerieregiment der 18. Pommerschen Ulanen am 1. September mutig deutsche Stellungen angriff. Dies taten sie in der Hoffnung, den deutschen Vormarsch aufzuhalten und dem Gros der Kräfte den Rückzug zu ermöglichen. Den Reitern gelang es, dieses Ziel zu erreichen, aber zu einem hohen Preis – obwohl sie sich nach ihrem Angriff schnell zurückzogen, wurden die Ulanen massenweise von deutschen Panzerwagen und Maschinengewehrfeuer niedergemäht. Die Geschichte von Roman Orlik, einem polnischen Panzerkommandanten, malt ebenfalls perfekt die verzweifelte Situation der Polen. Mit einer kleinen, zweiköpfigen Tankette, der TKS, gelang es Orlik, zehn deutsche Panzer zu zerstören und eine ganze Panzerkolonne aufzuhalten. Seine kleine Tankette, von den deutschen Panzersoldaten „die Kakerlake" genannt, war mit einer schnellfeuernden 20-mm-Maschinenkanone bewaffnet, die Orlik eine Chance gab, die deutsche Panzerung zu durchdringen. Seine Taten waren später im Krieg eine große Inspiration für viele polnische Freiheitskämpfer.

Gemäß dem zuvor unterzeichneten Molotow-Ribbentrop-Pakt erhob die Sowjetunion Anspruch auf den östlichen Teil Polens, der in ihre Einflusssphäre fiel. Hitler hatte dies im Hinterkopf, und seine Regierung stellte wiederholt Anfragen an die Sowjets – in der Frage, ob der Pakt eingehalten würde. Die Wahrheit war, dass die Sowjetunion einfach das Ende des Konflikts mit Japan abwartete, da sie ihre Kräfte nicht zu sehr strapazieren wollte, indem sie an zwei Fronten kämpfte. Als dieser Konflikt am 16. September 1939 mit einem Waffenstillstand endete, befahl Josef Stalin, der sowjetische Führer, umgehend die Invasion Polens, die am darauffolgenden Tag, dem 17. September, stattfand. Diese zweite Invasion war der Wendepunkt, der dem polnischen Heer und seiner Verteidigung endgültig das Rückgrat brach. Deren einzige verbleibende Wahl war es, sich weiter in Richtung der Grenze zu Rumänien zurückzuziehen und sich dort neu zu gruppieren und zu reorganisieren. Die Sowjetunion nutzte einen cleveren Vorwand für ihre Invasion: Sie behaupteten, die ukrainischen und weißrussischen Minderheiten zu schützen, die in Polen lebten – da die polnische Republik nach der Invasion Deutschlands „aufgehört hatte zu existieren". Und es war genau diese Invasion, die das Schicksal Polens besiegelte – sie überzeugte die polnische Regierung endgültig davon, dass der Krieg für sie verloren war. Doch selbst dann weigerten sich die Polen, vor Deutschland zu kapitulieren oder mit ihnen zu verhandeln. Stattdessen wählten sie einen anderen Weg und befahlen all ihren Einheiten, aus Polen zu fliehen und sich in Frankreich neu zu formieren. Am 6. Oktober war die gesamte Invasion vorbei. An diesem Tag kapitulierte die letzte polnische operative Kampfeinheit und beendete damit den Feldzug, der einen Monat zuvor begonnen hatte. In den Augen der Welt war diese Eroberung ein nie zuvor gesehenes Ereignis. Die überwältigende Wucht der Blitzkrieg-Taktik und die überragende strategische Überlegenheit, mit der die Deutschen und Sowjets durch Polen fegten, ließ die Welt verblüfft und überrascht zurück. Die Überreste der polnischen Armee zerstreuten sich nach ihrer Niederlage, einige nach Rumänien und Ungarn, andere nach Lettland. Von dort aus fanden die meisten von ihnen ihren Weg nach Großbritannien und Frankreich, wo sie die Kriegsanstrengungen fortsetzten. Die Invasion Polens forderte auf beiden Seiten viele Opfer, wenn auch weitaus mehr auf polnischer Seite als auf der der Invasoren. Etwa 65.000 polnische Soldaten wurden während des Feldzugs getötet, während 660.000 von den Deutschen und Sowjets gefangen genommen wurden. Im Vergleich dazu hatten die Deutschen etwa 17.000 Tote zu beklagen und die Sowjets nur etwa 1.500. Die zivilen Opferzahlen waren ebenfalls sehr hoch, verstärkt durch eine Reihe von Massakern, die von den Invasoren – insbesondere den Sowjets – verübt wurden. Insgesamt fielen mehr als 200.000 Zivilisten der Invasion zum Opfer.

Der kurze, aber brutale deutsche Feldzug in Polen stürzte die Welt in einen neuen Krieg, der den Ersten Weltkrieg in jeder Hinsicht übertreffen sollte. Er war auch ein perfektes „Testgelände" für Deutschlands neue und fortschrittliche Militärtechnologien. Die Erfahrungen aus dem Feldzug ermöglichten es ihnen, alle Mängel in Bezug auf ihre Panzer, Panzerabwehrfähigkeiten, Artillerie und so weiter anzugehen und zu beheben. Für das polnische Volk war es jedoch eines der schwersten Kapitel ihrer langen Geschichte, das Leid, Mühsal und den Verlust ihrer Heimat mit sich brachte. Aber es reichte nicht aus, um ihren Geist zu brechen.

Der Kampf um den Norden: Die deutsche Invasion von Dänemark und Norwegen

Hitler richtete als Nächstes seine Aufmerksamkeit auf Skandinavien. Sowohl für die Alliierten als auch für die Deutschen war diese Region in Nordeuropa von entscheidender strategischer Bedeutung. Besonders Norwegen war, obwohl es neutral blieb, strategisch sehr wichtig. Einer der wichtigsten dieser lebenswichtigen Punkte war der Hafen von Narvik – für die Deutschen war er das Tor, durch das enorme Mengen an Eisenerz aus Schweden nach Deutschland transportiert wurden. Und dieses Eisenerz war für die deutsche Industrie sehr wichtig. Darüber hinaus war es mit seinen zahlreichen Häfen eine sehr gute Operationsbasis für jeden, der den Atlantischen Ozean beherrschen wollte. Und im Falle des britisch-deutschen Seekriegs war dies die ideale Ausgangslage. Noch bevor Hitler sich aus diesen Gründen für eine Invasion Skandinaviens entschied, hatten die Franzosen und Briten offen einen Plan zur Besetzung Norwegens diskutiert – als Reaktion auf die deutsche Bedrohung. Hitler setzte seinen Plan jedoch um und am 9. April 1940 besetzte die deutsche Armee Dänemark und fiel in Norwegen ein. Die als Operation Weserübung bekannte Aktion war eine weitere blitzschnelle deutsche Invasion.

Dänemark fiel als Erstes. Für Hitler war seine strategische Bedeutung zweifach – erstens wollte er es besetzen und eine mögliche Bedrohung aus dem Norden beseitigen; zweitens war es das perfekte Aufmarschgebiet für die zukünftige Invasion Norwegens. Seine Position bot auch einen perfekten Marinezugang zu wichtigen deutschen Häfen in der Ostsee. Am 9. April traf sich der deutsche Botschafter in Dänemark mit dem dänischen Außenminister. Die Deutschen verkündeten, dass ihre Armee Dänemark besetze, um es vor einer zukünftigen Invasion der Franzosen und Briten zu schützen.

Sie forderten auch, dass die dänischen Truppen keinen Widerstand leisten sollten, andernfalls würde die deutsche Luftwaffe mit der Bombardierung der Hauptstadt Kopenhagen beginnen. Doch noch bevor das Treffen beendet war, schritten deutsche Truppen zur Tat. Die Invasion Dänemarks war schnell und perfekt koordiniert. Die ersten Truppen landeten mit Fähren und rückten von der Stadt Gedser aus nach Norden vor. Die Deutschen setzten hier zum ersten Mal Fallschirmjäger ein: Fallschirmjägertruppen landeten an mehreren Orten, nahmen zwei wichtige Flugplätze in Aalborg ein und besetzten die Festung Masnedø. Gleichzeitig landeten deutsche Infanterieeinheiten im Hafen von Kopenhagen und stürmten die Zitadelle ohne Widerstand. Ihr nächstes Ziel war die dänische Königsfamilie, die im Amalienborg-Palast in Kopenhagen residierte. Der König wurde jedoch von seiner Königlichen Garde geschützt, der es gelang, den ersten deutschen Angriff abzuwehren. Angesichts der Niederlagen im ganzen Land und der drohenden verheerenden Luftwaffenbombardierung kapitulierten die Dänen jedoch gegen 06:00 Uhr, etwa zwei Stunden nach Beginn der Invasion. Es war der kürzeste Feldzug, den die deutsche Armee im Krieg durchführte. Die Verluste auf beiden Seiten waren sehr gering: etwa 26 gefallene dänische Soldaten und 20 getötete und verwundete deutsche Soldaten.

Der Norwegenfeldzug verlief jedoch nicht so reibungslos – er dauerte 62 Tage und war eine größere Herausforderung als Dänemark. Die Invasion fiel ungefähr mit den alliierten Plänen zur Besetzung Norwegens zusammen und führte zu einem größeren Zusammenstoß, als auf beiden Seiten erwartet wurde. Eine der ersten Schlachten der norwegischen Invasion war die Schlacht um Narvik, ein Seegefecht, bei dem die deutschen Zerstörer von einer kleineren britischen Zerstörerflotte zum Rückzug gezwungen wurden. Als die Deutschen ihren ersten Invasionsversuch unternahmen, wurden ihre Truppentransportschiffe zudem im Oslofjord aufgehalten – als die trotzigen Verteidiger der Festung Oscarsborg das deutsche Flaggschiff zerstörten, es versenkten und fast 1.000 Menschenleben forderten. Diese große Verzögerung des deutschen Vormarsches ermöglichte es der norwegischen Regierung und ihrem König, aus der Hauptstadt Oslo zu fliehen. Auch hier spielten Fallschirmjäger eine wichtige Rolle, indem sie auf den Flugplätzen von Oslo und Stavanger landeten und diese einnahmen. Die Luftwaffe machte dann kurzen Prozess mit der Festung Oscarsborg, die nach schwerem Bombardement zur Kapitulation gezwungen wurde. Mit dem Vormarsch der deutschen Armee wurden schnell eine Reihe wichtiger Häfen besetzt, gefolgt von größeren Städten wie Kristiansand, Bergen und Stavanger. Oslo wurde im Mai 1940 erobert. Als die Hafenstädte Norwegens erfolgreich besetzt waren, konnten sich die Deutschen dem Widerstand im Landesinneren stellen. Ein alliiertes Expeditionskorps, bestehend aus britischen, französischen und norwegischen Streitkräften, versuchte, den deutschen Vormarsch zu stoppen, aber ihre wiederholten Gegenangriffe waren größtenteils ein Misserfolg. Die Deutschen verließen sich auf frische Verstärkungen, die über Dänemark kamen, und wurden zudem durch ihre überlegenen Panzer- und mechanisierten Infanterieeinheiten, die Unterstützung der Luftwaffe und die zahlenmäßige Überlegenheit im Allgemeinen gestärkt. Dies war der ausschlaggebende Grund für die Entscheidung der Briten, Norwegen am 26. April zu evakuieren. Ihre Entscheidung war im Mai voll im Gange, als Hitler Frankreich angriff. Dennoch dauerten die Kämpfe in Norwegen sporadisch bis zum 10. Juni an, als die deutsche Besetzung Norwegens abgeschlossen war. Es sollte bis 1945 besetzt bleiben. Die deutschen Verluste beliefen sich auf etwa 5.300 – während die Alliierten 6.600 Verluste erlitten.

Der Blitzkrieg: Hitlers Invasion Frankreichs

Hitlers Hauptsorge zu Beginn des Zweiten Weltkriegs war ein Zweifrontenkrieg. Er erkannte die Notwendigkeit, die Länder Westeuropas – vor allem Frankreich – zu erobern. Dadurch würde er sich die ungehinderte Möglichkeit sichern, seine Ressourcen weiter auszubauen, da er erkannte, dass er mehrere Jahre benötigen würde, um die deutsche militärische Macht vollständig aufzubauen. Darüber hinaus würde er durch die Eroberung der Benelux-Länder und anschließend Frankreichs die Fähigkeit der Alliierten einschränken, den Luftkrieg zu dominieren und somit die deutschen Industriegebiete, insbesondere im Ruhrgebiet, zu bedrohen. Zu guter Letzt – aber sicherlich nicht weniger wichtig – war seine Fähigkeit, Großbritannien direkt zu bedrohen. Von Frankreich aus hätte er einen klaren Zugang zu Großbritannien sowohl zu See als auch in der Luft.

Der deutsche Angriffsplan ähnelte in gewisser Weise dem berühmten Schlieffen-Plan des Ersten Weltkriegs. Hitler wollte das französische Verteidigungssystem – die Maginot-Linie – komplett umgehen und die Benelux-Länder überfallen. Dies würde ihm ermöglichen, Frankreich von Norden her anzugreifen, wo der Schutz begrenzt war. Noch bevor die Invasion begann, erwarteten die Niederlande und Belgien den Angriff. Beide Nationen waren in Erwartung des Krieges fast vollständig mobilisiert und hatten zuvor Vereinbarungen über eine gemeinsame Verteidigung getroffen – sie würden sich gegenseitig unterstützen. Obwohl sie eine beachtliche Anzahl von Soldaten aufboten – etwa 900.000 –, war ihre Ausrüstung nicht so fortschrittlich wie die der Deutschen. Es mangelte vor allem an Panzern – die Belgier verfügten über eine begrenzte Anzahl veralteter leichter Panzer und Tanketten sowie nur über eine kleine Anzahl leicht bewaffneter Jagdpanzer. Darüber hinaus fehlte es den kombinierten

Luftstreitkräften dieser beiden Länder sowohl an Quantität als auch an Qualität. Im Vergleich dazu waren die Deutschen in jeder Hinsicht überlegen – sowohl in der Mannstärke (etwa 3,5 Millionen Mann) als auch bei den Panzern (10 Panzerdivisionen) und in der Luftwaffe (5.500 Flugzeuge).

In der Zwischenzeit war das britische Expeditionskorps in Frankreich, südlich der belgischen Grenze, stationiert. Ihre Aufgabe war es, Frankreich zu unterstützen, und gemeinsam konnten sie den Benelux-Ländern ausreichend Verstärkung bieten. Und wie schon im Großen Krieg spielte die niederländische Armee mit dem Gedanken, erneut bestimmte strategische Gebiete zu überfluten, um den deutschen Vormarsch zu stoppen. Andererseits war die belgische Armee wesentlich besser aufgestellt – ihre Grenzen waren viel besser verteidigt und verfügten über eine Kombination aus natürlichen und künstlichen Hindernissen und Befestigungen. Dennoch war es immer noch ein viel leichterer Zugang als die Maginot-Linie der Franzosen. Ihre Reihe von Befestigungen entlang des Albert-Kanals war eine harte Nuss – *Eben Emael* war die größte dieser Festungen und in vielerlei Hinsicht ein unüberwindbares Hindernis. Es gab jedoch einen großen Fehler in diesen Verteidigungslinien – die Befestigungen des Albert-Kanals waren nicht mit den niederländischen Linien verbunden. Dies hinterließ eine Lücke, die leicht ausgenutzt werden konnte.

Der deutsche Angriffsplan war in gewisser Weise innovativ, und genau dieser Aspekt gefiel Hitler vor Beginn der Invasion. Die Deutschen erstellten zunächst einen Plan, der dem Schlieffen-Plan ähnelte, und genau diesen Ansatz erwarteten die Alliierten. Hitler mochte diese Version jedoch nicht und entschied sich für eine andere – eine viel kühnere. Sie basierte auf einem dreifachen Angriff und nutzte die Armeen A, B und C. Die Heeresgruppe C unter dem Kommando von General Wilhelm von Leeb sollte einen Scheinangriff auf die Maginot-Linie durchführen. In der Zwischenzeit würde die

Heeresgruppe B unter dem Kommando von General Fedor von Bock wie geplant mit der Invasion Belgiens und der Niederlande fortfahren. Die Alliierten würden dann planmäßig auf diese Invasion reagieren, das Muster des Schlieffen-Plans erkennend, und ihre Armeen in die Benelux-Länder schicken. Und hier lag der deutsche Kniff: General Gerd von Rundstedts Heeresgruppe A – mit etwa 1,5 Millionen Mann und 1.500 Panzern – würde einen schnellen Vorstoß durch die Ardennen machen und so den Großteil der alliierten Streitkräfte sowie die kritischen Verteidigungsanlagen der Maginot-Linie umgehen.

Am 10. Mai 1940 begann die deutsche Invasion der Niederlande. Drei große niederländische Städte waren die ersten Ziele: Rotterdam, Den Haag und Amsterdam. Die deutsche Armee griff von mehreren angrenzenden Punkten aus an und konzentrierte sich auf die Region Limburg und die südlichste große niederländische Stadt Maastricht. Nach der erfolgreichen Einnahme gelang es ihnen, einen großen Teil der Niederlande zu isolieren und die Möglichkeit von Verstärkungen aus dem Süden zu verhindern. Erneut besetzten deutsche Fallschirmjäger wichtige niederländische Brücken über die Maas und verhinderten so das Heranrücken jeglicher Verstärkung. Die ganze Zeit über nutzte die deutsche Armee den zuvor erwähnten Schwachpunkt zwischen dem Albert-Kanal und den niederländischen Verteidigungsstellungen aus. Fast unmittelbar nach Bekanntwerden der Invasion begannen das britische Expeditionskorps und französische Truppen in Übereinstimmung mit dem zuvor erstellten *Dyle-Plan* den Marsch nach Belgien entlang des Flusses Dyle. Dabei glaubte die französische Führung, dass die Ardennen unpassierbar seien und somit ihre rechte Flanke als natürliches Hindernis sichern würden. Dieser große Fehler war einer der Schlüsselfaktoren für den deutschen Erfolg bei der Invasion.

In der Zwischenzeit wurden die wichtigsten niederländischen Stellungen und Städte einer heftigen Luftzerstörung durch die Luftwaffe ausgesetzt. Wie zuvor verließ sich Deutschland auf die

Luftüberlegenheit, um den Feind in die Unterwerfung zu bomben. Die niederländische Königsfamilie und die Regierung flohen aus ihrem Land und fanden Zuflucht in England, wo sie eine Exilregierung bildeten. Am 14. Mai, nur vier Tage nach Beginn der Invasion, kapitulierte der niederländische Oberbefehlshaber, General Winkelman, mit seinen Armeen und fast den gesamten Niederlanden. Begrenzter Widerstand würde noch einige Tage andauern, bis die Niederlande vollständig erobert waren.

Gleichzeitig begannen die deutschen Streitkräfte ihre Invasion Belgiens. Nachdem sie am allerersten Tag der niederländischen Invasion Maastricht erreicht hatten, überquerten die Deutschen den Albert-Kanal nach Belgien. Eben Emael, diese grimmige und nahezu uneinnehmbare Festung, wurde durch einen noch nie dagewesenen und ziemlich kühnen Luftlandeangriff erobert. Erneut zeigten die Fallschirmjäger ihren Wert, indem sie mit Segelflugzeugen hinter den Verteidigungsanlagen landeten und mit der systematischen Zerstörung der Festungsverteidigung von innen begannen. Bereits am nächsten Tag kapitulierte die Garnison, und die Deutschen hatten einen freien Weg zur Stadt Lüttich. Die Luftüberlegenheit war einmal mehr ein entscheidender Aspekt des schnellen deutschen Erfolgs. Am ersten Tag gelang es der Luftwaffe, die belgische Luftwaffe zu lähmen – fast die Hälfte aller Flugzeuge wurde zerstört. Am 28. Mai, nach 18 Tagen harter Kämpfe, war Belgien besiegt und blieb bis 1944 von den Deutschen besetzt.

Am 13. Mai, noch vor dem Ende der Kämpfe in Belgien, überquerte die berühmte *Panzergruppe Kleist* die Maas. Am folgenden Tag gelang es ihren Vorhuten, südlich der Stadt Sedan auf französisches Gebiet vorzudringen. Die mittelmäßigen französischen Verteidigungslinien wurden durch verheerenden Luftdruck unterdrückt und zum Rückzug gezwungen. Tatsächlich fehlte es den französischen Soldaten weitgehend an geeigneten Panzerabwehrwaffen oder Luftabwehrsystemen, hauptsächlich weil das französische Oberkommando die Ardennen zuvor als unpassierbar eingestuft hatte. Am nächsten Tag, dem 15. Mai, durchbrach General Heinz Guderian – einer der Hauptpioniere der Blitzkrieg-Strategie – als Befehlshaber des XIX. Panzerkorps die französischen Verteidigungslinien und stieß rasch nach Westen vor. Die deutschen Panzer machten erstaunliche Fortschritte – der Blitzkrieg war in vollem Gange, und die Schnelligkeit der deutschen Bewegungen überraschte alle. *Dies* war die neue, moderne Kriegsführung, mit der niemand gerechnet hatte. Guderian bewegte sich so schnell, dass sein Vorgesetzter, von Kleist, ihm ausdrücklich befahl, seine Bewegung auf nur 8 Kilometer pro Tag zu beschränken. Nach zahlreichen Auseinandersetzungen und Rücktrittsdrohungen behielt Guderian jedoch weitgehend sein rasantes Tempo bei. Die deutschen Panzer waren den französischen zahlenmäßig überlegen und ihnen größtenteils überlegen, sodass sie keinen angemessenen Widerstand leisten konnten. Das rasante Tempo des Blitzkriegs ermöglichte es den Deutschen, die französische Armee immer wieder effektiv einzukreisen und zu umgehen. Guderian zerschlug die Verstärkungen der französischen 6. Armee, auf die er traf, und untergrub die rechte Flanke der 9. Armee schwer. Letztere brach bald völlig zusammen, wobei ihre Soldaten in großer Zahl kapitulierten. Am selben Tag, dem 15., umzingelten die Deutschen die französische 102. Festungsdivision und vernichteten sie vollständig. Auch die deutsche 7. Panzerdivision unter dem Kommando eines anderen legendären Panzergenerals – Erwin Rommel – machte blitzschnelle Fortschritte und durchschnitt die französischen Streitkräfte wie ein heißes Messer die Butter. Rommel hielt bekanntlich ebenfalls energisch sein Tempo aufrecht und weigerte sich, seiner Division Ruhe zu gönnen.

Am 17. Mai war Heinz Guderians Vormarsch unaufhaltsam. Er überquerte die Oise, drang in das Somme-Tal ein und raste durch dieses in Richtung Ärmelkanal, wobei er die Küstenstadt Abbeville erreichte. Damit teilte er die alliierten Streitkräfte effektiv in zwei Teile und unterbrach die Kommunikationslinien. Einmal dort angekommen, legte er eine kurze Pause ein, um Verstärkungen die Sicherung seiner Flanken zu ermöglichen, und dann unternahm er einen weiteren schnellen Vorstoß nach Norden – diesmal mit einem klaren Ziel vor Augen, den französischen Häfen Dünkirchen und Calais. An dieser Stelle ist es wichtig zu erwähnen, dass sowohl Heinz Guderian als auch Erwin Rommel die Anweisungen des *Oberkommandos der Wehrmacht ignorierten* und mit ihren schnellen und unaufhaltsamen Blitzkrieg-Bewegungen fortfuhren. Es ist wohl gerade dieses „Ungehorsam", das erheblich zum Gesamterfolg der Deutschen beitrug. Darüber hinaus machte Rommel so verblüffend schnelle Fortschritte durch Frankreich, dass er die Kommunikation mit dem Oberkommando nicht effektiv aufrechterhalten konnte. Dies brachte seiner 7. Panzerdivision den berühmten Spitznamen *Gespensterdivision* ein.

Der schließliche Fall Belgiens und der rasche Vormarsch der Deutschen bedeuteten, dass das britische Expeditionskorps – das sich bereits zum Rückzug entschieden hatte – von einer Einkreisung bedroht war. Dünkirchen blieb der einzige Hafen, von dem aus Tausende britischer Soldaten fliehen konnten, und diese Tausende eilten in Panik, um die Evakuierung abzuschließen, bevor die Deutschen ihre zweifache „Zangenbewegung" zur Einkreisung schlossen. Am Ende entkam das britische Expeditionskorps nur knapp der völligen Vernichtung. Während die Deutschen in ihrem Vormarsch durch einen fehlgeleiteten Befehl Hitlers aufgehalten wurden, gelang es den Briten, begrenzte – aber wichtige – Luftunterstützung zu leisten und intensiv daran zu arbeiten, die eingekesselten Männer von den Stränden über den Kanal zu bringen. Die Evakuierung von Dünkirchen war fast ein Wunder und wurde am 4. Juni abgeschlossen. Hitler konnte sich nun darauf konzentrieren, seine Eroberung Frankreichs zu vollenden.

Die deutsche Offensive begann am nächsten Tag, dem 5. Juni, erneut. Die Panzerdivisionen erhielten nun zusätzliche Verstärkungen, und die Infanterie war noch in sehr großer Zahl – fast unberührt. Ihr Ziel war die Einnahme von Paris, und die Art der Offensive hatte ein klares Ziel – die Zerstörung aller verbliebenen französischen Streitkräfte im Feld und die Vollendung der Invasion. An dieser Stelle müssen wir einen weiteren Faktor erwähnen, der zur deutschen Überlegenheit im Feld beitrug, und einige der Gründe, warum sie im Kampf so schnelle Fortschritte machten. Und das ist ihre fortschrittliche Militärtechnologie. Deutsche Panzer waren größtenteils allem weit überlegen, was die Franzosen ins Feld führen konnten. Sie waren wendiger, hatten eine anständige Bewaffnung und eine ausgewogene und angemessene Besatzungsanordnung. Und am wichtigsten war, dass fast alle Panzer über interne Funkgeräte verfügten, was eine bessere Kommunikation und schnellere Taktiken im Feld ermöglichte. Im Vergleich dazu hatten die französischen Panzer nichts dergleichen. Das Rückgrat ihrer Streitkräfte war der Renault R-35 Panzer, der langsam war, nur eine zweiköpfige Besatzung hatte, eine Kanone kleinen Kalibers und kein Funkgerät besaß. Der einzige beträchtliche effiziente Widerstand, den sie hatten, waren der schwere Panzer Char B1, der sich hauptsächlich auf seine dicke Panzerung verlassen konnte und nicht viel mehr, und der mittlere Panzer SOMUA S35, der, obwohl er zu dieser Zeit einer der besten in Europa war, durch den Mangel an Funkgeräten, den Mangel an Besatzungsmitgliedern und unzureichende Ausbildung behindert wurde. All dies führte zu einem erschütternden Materialverlust für die Franzosen und verschaffte den Deutschen einen beispiellosen Vorteil.

Am 12. Juni erkannte das französische Oberkommando, dass die Schlacht um Frankreich für sie verloren war, da die Deutschen ihr Tempo beibehielten und weiterhin französische Verteidigungslinien im Feld durchbrachen und eine Division nach der anderen in Unordnung brachten. Einige Tage zuvor, am 9. Juni, brach ein großer

Teil der französischen Verteidigungslinie unter dem Druck zusammen, und der Eintritt Italiens in den Krieg gegen Frankreich am 10. Juni besiegelte ihre Niederlage vollends. Am 14. gaben die Franzosen ihre Hauptstadt Paris auf, da es keinen Sinn mehr hatte, sie weiter zu verteidigen. Die Deutschen besetzten sie am selben Tag. Am 25. Juni war die Angelegenheit entschieden – Frankreich war besiegt. Drei Tage zuvor war ein Waffenstillstand unterzeichnet worden, der das besetzte Land effektiv in zwei Zonen aufteilte – der Großteil Frankreichs sollte unter deutscher Militärbesatzung bleiben, während ein anderer Teil nur *nominell* französische Souveränität behalten sollte.

Als es vorbei war, hinterließ die Schlacht um Frankreich enorme Verluste für die Franzosen. Insgesamt erlitten sie etwa 2.260.000 Opfer – davon etwa 322.500 Tote, Vermisste und Verwundete. Im Vergleich dazu erlitten die Deutschen insgesamt 157.600 Opfer, von denen 27.000 im Kampf getötet wurden. Dieser reine Zahlenunterschied ist ein weiteres Zeugnis für den beispiellosen und verheerenden Erfolg des Blitzkriegs.

Nordafrika und das Mittelmeer

Der Krieg schritt in einem kontinuierlichen Tempo voran – und breitete sich über die Grenzen Europas hinaus aus. Italien war als Nächstes an der Reihe, in Aktion zu treten, und im Juni 1940 begann die Belagerung von Malta. Diese Mittelmeerinsel war eine britische Kronkolonie und von entscheidender strategischer Bedeutung. Mit dem Angriff auf Malta eröffnete Mussolini eine neue Front in diesem globalen Krieg – den nordafrikanischen Kriegsschauplatz. Tatsächlich war Malta für die Kontrolle des Mittelmeers und Nordafrikas sehr wichtig, was zu einer langwierigen und schwierigen Zermürbungsschlacht führte. Die Achsenmächte griffen auf Blockaden, Bombardierungen und Zermürbungskrieg in den wichtigsten maltesischen Häfen zurück. Diese Belagerung sollte bis 1942 andauern. Gleichzeitig setzten die Italiener ihre Invasionen fort – alles mit dem Ziel, ein erneuertes Römisches Reich zu schaffen. Ihr nächstes Ziel war das britisch gehaltene Somaliland, das sie zwischen Sommer und Frühherbst desselben Jahres eroberten. Als Nächstes folgte die Invasion Ägyptens – das ebenfalls von den Briten gehalten wurde. Den Italienern gelang es, vom 9. bis 16. September 1940 in Ägypten einzufallen, und dies eröffnete einen völlig neuen Kriegsschauplatz, der später als Westliche Wüstenkampagne bekannt wurde und sich auf die Wüstenregionen Ägyptens und Libyens konzentrierte.

Im Dezember 1940 begannen die britischen Streitkräfte in Libyen und Ägypten jedoch eine Reihe von Gegenoffensiven gegen die Italiener. Bis Februar 1941 war ihre Operation Compass ein vollständiger Erfolg, und es gelang ihnen, Westägypten zurückzuerobern und in die Cyrenaika einzudringen. Mit einem schnellen Vorstoß gelang es den Briten, eine Reihe von Siegen gegen die Italiener in der Wüste zu erringen und dabei Tausende von Gefangenen zu machen. Als Hitler die wiederholten Misserfolge der italienischen

Armee sah, veranlasste ihn dies, Hilfe nach Afrika zu schicken. Diese bestand aus dem Deutschen Afrika Korps – einer Expeditionsstreitmacht unter dem Kommando von Erwin Rommel, der für seine Leistungen in dieser Aktion den Beinamen „Wüstenfuchs" erhalten sollte. Erneut machten Rommel und seine Panzer mit ihrer brillanten Blitzkrieg-Taktik beeindruckende Fortschritte. Der *Wüstenkrieg*, der daraufhin folgte, auch bekannt als Westliche Wüstenkampagne, dauerte bis 1943. In den frühen Operationen hatte Rommel durchschlagende Erfolge. Sein schneller Angriff drängte die Alliierten aus Ägypten hinaus. In weniger als einem Monat war Westägypten erneut von den Achsenmächten besetzt, und sie belagerten den wichtigen strategischen Hafen von Tobruk. Der Erfolg war jedoch eher kurzlebig. Ende 1941 starteten die Alliierten eine weitere Offensive, genannt Operation Crusader, die darauf abzielte, die Belagerung von Tobruk – das den Deutschen immer noch Widerstand leistete – aufzuheben und die Achsenstreitkräfte an der ägyptisch-libyschen Grenze zu umgehen. Erneut zeigten sich Rommels überragende Taktiken und seine Fähigkeiten als General.

Mitte November 1941 starteten die Briten einen Überraschungsangriff auf die Stellungen der Achsenmächte, erlitten jedoch große Verluste. Ende November wurde die alliierte 5. Südafrikanische Brigade zerschlagen, und die Alliierten erlitten erschreckende Panzerverluste. Dennoch gelang es dem neuseeländischen Kontingent, Tobruk zu erreichen und die dortige Belagerung aufzuheben. Der Dezember brachte jedoch Schwierigkeiten für Rommel, der unter Versorgungsengpässen litt. Dies zwang ihn, die Frontlinie zu verkürzen und seine Nachschublinien zu begrenzen. Mitte Dezember zog er seine Truppen zunächst nach Gazala und dann nach El Aghelia zurück. Den Briten gelang es daraufhin, im Januar 1942 die Stadt Bardia einzunehmen und dabei etwa 13.800 Gefangene zu machen. Rommel nutzte jedoch die Zeit zur Erholung und startete einen überraschenden und brillanten

Gegenangriff, der zum Sieg in der Schlacht von Gazala führte. Danach eroberten die Achsenmächte Tobruk zurück und fielen erneut in Ägypten ein, wobei sie die Alliierten bis nach El Alamein zurückdrängten. Dort gelang es den alliierten Streitkräften im Oktober 1942, die Achsenmächte in der entscheidenden *Zweiten Schlacht von El Alamein* zu besiegen. Nach dieser Niederlage, dem sich entwickelnden Krieg in Europa und der Niederlage im Tunesienfeldzug kapitulierten die Achsenmächte im Mai 1943 vor den Alliierten und verloren Afrika.

Als es den Italienern zwischen Oktober 1940 und April 1941 nicht gelang, in Griechenland einzufallen und sie große Verluste erlitten, beschloss Deutschland, erneut einzugreifen. Für Hitler waren die Balkanländer ein wichtiges Ziel. Die Ölfelder Rumäniens waren eine lukrative und strategische Ressource, die während des gesamten Krieges ein wichtiger Schwerpunkt bleiben würde. Durch die Invasion des Balkans würde Hitler Italien unterstützen, den britischen Einfluss im Mittelmeer in Schach halten und gleichzeitig die Ölfelder sichern. Die Situation auf dem Balkan wurde noch komplizierter. Sowohl Bulgarien als auch das Königreich Jugoslawien unterzeichneten bis März 1941 den *Dreimächtepakt* und traten damit effektiv auf die Seite der Achsenmächte. Während Bulgarien jedoch bei den Achsenmächten blieb, tat Jugoslawien dies nicht. Seine Regierung wurde nur zwei Tage nach der Unterzeichnung durch einen Staatsstreich pro-britischer Nationalisten gestürzt. Hitler, der auf Jugoslawien als potenziellen Verbündeten gesetzt hatte, war über dieses Ereignis äußerst verärgert und beschloss, sowohl Jugoslawien als auch Griechenland ohne weiteres zu erobern. Die deutsche Invasion des Balkans – Jugoslawiens und Griechenlands – begann am 6. April 1941.

Der als *Aprilkrieg* bekannte Einmarsch in Jugoslawien dauerte vom 6. bis 18. April und war in jeder Hinsicht eine schnelle Angelegenheit. Die jugoslawische Hauptstadt Belgrad wurde am 6. April verheerend bombardiert, und das Land wurde sowohl von Norden als auch von

Süden angegriffen. Bereits durch Vorkriegsintrigen und politische Instabilität sowie Spannungen sowohl in ethnischen als auch ideologischen Bereichen geschwächt, hatte Jugoslawien keine echte Chance gegen die weit überlegene deutsche Armee. Es wurde schnell vollständig besetzt und von den Achsenmächten aufgeteilt. Der Rest des Krieges würde jedoch von großen Unruhen in Jugoslawien geprägt sein. Seit der Besatzung sollte es in einen weitverbreiteten Partisanenkrieg abgleiten, mit verschiedenen kämpfenden Parteien von Kommunisten, Royalisten, Faschisten und anderen. Er sollte bis zum Ende des Krieges andauern. Griechenland erging es nicht besser. Der Angriff war schnell und überwältigend – die griechische Metaxas-Verteidigungslinie fiel bald, und bis zum 30. April erreichten deutsche Truppen die südgriechische Küste, nahmen eine Reihe alliierter – hauptsächlich britischer – Soldaten gefangen und schlossen ihre Invasion des griechischen Festlands ab. Das Land war jedoch erst nach der Eroberung der Insel Kreta Ende Mai desselben Jahres vollständig besetzt. Die Schlacht um Kreta dauerte 13 Tage und stellte griechische und alliierte Streitkräfte gegen deutsche Truppen, die hauptsächlich aus Fallschirmjägern bestanden. Nach anfänglichen Erfolgen wurden die Alliierten geschlagen, nachdem sie wichtige strategische Flugplätze auf der Insel verloren hatten, was es den Deutschen ermöglichte, Verstärkung zu erhalten.

Der Wettlauf gegen den Winter: Operation Barbarossa und der deutsche Einmarsch in die Sowjetunion

Die große Eskalation des sowjetisch-deutschen Konflikts manifestierte sich in einer Militärkampagne von verheerendem Ausmaß - *Operation Barbarossa*. Hitlers Invasion der Sowjetunion am 22. Juni 1941 war bis zu diesem Zeitpunkt beispiellos. Der schiere Umfang dieser Operation übertraf jedes vergleichbare Unterfangen in der allgemeinen Militärgeschichte. Wenn wir die Anzahl der beteiligten Männer, die Kosten an Leben und Ressourcen und die Auswirkungen betrachten, können wir verstehen, dass der Krieg zwischen Hitler und Stalin wahrlich ein Zusammenstoß der Giganten war - von unvorstellbaren Ausmaßen. In seinen Anfangsstadien bot er jedoch einen kritischen Einblick in die Überlegenheit der deutschen Militärtechnologie und ihrer Strategie. Der Angriff auf einer so breiten Front war bis dahin das Verderben jedes Russland-Invasors gewesen, und die deutsche Führung hatte viele Beispiele, aus denen sie lernen konnte. Aufgrund dieser technischen Überlegenheit und der veralteten sowjetischen Taktiken waren die Anfangsphasen von Barbarossa von entscheidenden deutschen Erfolgen geprägt. Die Art und Weise, wie sich die Invasion später entwickelte, wurde jedoch zu einem ernüchternden Weckruf für die Angreifer und stellte das Dritte Reich vor eine seiner größten Herausforderungen überhaupt.

Schon früh in Adolf Hitlers Herrschaft kamen viele seiner Pläne und Vorhaben für Osteuropa ans Licht. Im Zusammenhang mit seinen zahlreichen rassischen und ethnographischen Vorschlägen entwickelte das Reich den sogenannten *Generalplan Ost*. Bereits 1925 kündigte Hitler seine Idee eines neuen *Lebensraums* für das deutsche Volk an. Ein wesentlicher Teil dieser Idee drehte sich um die angebliche Überlegenheit der germanischen Völker. Um diesen Lebensraum zu sichern, beabsichtigte Hitler, das ethnographische Bild Osteuropas zu verändern, und dafür wollte er alle nicht-germanischen Völker, hauptsächlich Slawen, entfernen. Und im Weg der Verwirklichung dieser Idee stand der Riese Sowjetunion. Obwohl zu Beginn des Krieges ein Nichtangriffspakt unterzeichnet wurde, behielt Hitler weiterhin Interesse daran, das sowjetische Regime zu zerstören. Und als es den Sowjets gelang, die Regionen Bessarabien und Nordbukowina zu besetzen, brachte sie das gefährlich nahe an Hitlers geschätzte rumänische Ölfelder heran. Er wurde zunehmend misstrauisch gegenüber Joseph Stalin und erkannte die wachsende Bedrohung durch die Sowjetunion. So plante er, sie im Mai 1941 zu überfallen, was jedoch aufgrund der Verwicklungen auf dem Balkan verschoben wurde - etwas, wofür er später Mussolini die Schuld gab. Eines wollte er um jeden Preis vermeiden: den berüchtigten russischen Winter, der so vielen angehenden Eroberern vor ihm zum Verhängnis geworden war. Und die wenigen Wochen Verzögerung durch die Eroberung des Balkans brachten ihn näher daran heran, als ihm lieb war.

Hitler und seine Führung waren überzeugt, dass die Sowjetunion in etwa drei Monaten fallen würde. Erneut wollte er die Lehren aus der Eroberung Frankreichs anwenden und sich auf die überwältigende Überlegenheit der kombinierten Luft- und Bodentruppen verlassen, wobei er seine Panzerdivisionen in einer heftigen Blitzkrieg-Kampagne einsetzen wollte. Was jedoch später folgte, sollte den Verlauf des Zweiten Weltkriegs schnell ändern. Hitler hatte etwa 3,8 Millionen Soldaten in mehr als 152 Divisionen zur Verfügung, unterstützt von nicht weniger als 3.700 Panzern. Die Luftwaffe verfügte über mehr als 2.500 Flugzeuge. Insgesamt war es eine der größten Invasionsstreitkräfte der bekannten Militärgeschichte und übertraf jede Streitmacht, die Russland zuvor bedroht hatte.

Aber wo die Deutschen in technologischer Überlegenheit glänzten, übertrafen die Sowjets sie in schiere, überwältigende zahlenmäßige Überlegenheit. Sie verließen sich auf riesige Zahlen von

Soldaten und ebenso hohe Zahlen von Panzern und Flugzeugen. Zu Beginn der Invasion stellten die Sowjets 220 Divisionen auf, die etwa 2,9 Millionen Mann zählten. Ihre Panzer übertrafen die Deutschen jedoch bei weitem - sie verfügten über etwa 11.000 Panzer. Aber sie waren den deutschen nicht überlegen. Die Russen hatten zwar erfolgreiche und zuverlässige Panzerdesigns, aber es mangelte an guter Besatzungsanordnung, guter Bewaffnung und angemessener Ausbildung, was letztendlich zu enormen Verlusten im Feld führte. Ein Fehler, den Hitlers Führung machte, war, die Tatsache zu übersehen, dass die Sowjets eine enorme Menge an Verstärkungen für ihre anfänglichen 220 Divisionen produzieren konnten, meist aus den inneren Regionen ihrer riesigen Nation. Diese Tatsache sollte später ein großer Wendepunkt werden, da die Sowjets immer wieder frische Truppen heranführten und die Zahl ihrer Divisionen auf 360 erhöhten.

Genau wie im Jahr zuvor in der Schlacht um Frankreich entschieden sich die Deutschen für einen dreizackigen Angriff mit denselben drei Heeresgruppen und Kommandeuren. Von Leeb, von Bock und von Rundstedt kommandierten die Heeresgruppen Nord, Mitte und Süd. Die Heeresgruppe Nord unter dem Kommando von Von Leeb stieß über Preußen und die baltischen Staaten in Richtung der sowjetischen Stadt Leningrad vor. Der Hauptstoß war Fedor von Bock und seiner Heeresgruppe Mitte vorbehalten, die einen Angriff in Richtung Moskau und Smolensk anführte. Im Süden konzentrierte sich von Rundstedts Heeresgruppe Süd auf den Vorstoß in die Ukraine und Polen mit dem Ziel, Kiew einzunehmen. Dies machte die Frontlinie fast 2.900 Kilometer lang, von der Ostsee bis zum Schwarzen Meer, was für die Sowjetunion eine große Überraschung darstellte und sie in einer teilweise mobilisierten und weitgehend unvorbereiteten Position vorfand. Wieder verließ sich Guderian auf die Überlegenheit des Blitzkriegs, raste voraus und legte beim ersten Angriff 80 Kilometer zurück. In einigen Fällen konnte die Infanterie mit dem schnellen Vormarsch der Panzer einfach nicht mithalten. Am 27. Juni wurde die belarussische Hauptstadt Minsk eingenommen. Dabei wurden Hunderttausende von Gefangenen gemacht, aber die Sowjets konnten sich sowohl den Verlust von Territorien als auch den Verlust an Arbeitskräften leisten. Bis zum 10. Juli setzte Guderian seinen Vormarsch fort und eroberte die Schlüsselstadt Smolensk, wo seine Streitkräfte auf die von General Hoth trafen.

Bald darauf begannen die Deutschen jedoch, erste Schwierigkeiten zu erfahren. Mitte Juli brachte anhaltenden Regen mit sich, der die ländlichen, staubigen Straßen Russlands und der Ukraine in ein Meer aus dickem, klebrigem Schlamm verwandelte - bekannt als *Rasputiza*. Dieses natürliche Hindernis verlangsamte den deutschen Vormarsch, da sowohl die Panzer als auch die Radfahrzeuge Schwierigkeiten hatten, die schlammigen Straßen zu überqueren. Die Sowjets machten die Situation nicht einfacher und griffen auf eine grausame *Verbrannte-Erde-Taktik* zurück, bei der sie Dörfer, Ernten und Brücken verbrannten, als sie sich zurückzogen, und den vorrückenden Deutschen nichts ließen. Dies war eine große Bedrohung für letztere - mit dem nahenden Winter würde die deutsche Armee auf diese Dinge angewiesen sein. Bei ihrem Rückzug gelang den Sowjets auch etwas Außergewöhnliches - sie verlegten ganze Fabriken. Das war eine noch nie dagewesene Leistung und ein entscheidender Teil des späteren sowjetischen Erfolgs. Indem sie diese Fabriken mitnahmen und ins Landesinnere verlegten, brachten sie sie aus der Gefahr der Frontlinien und hielten eine kontinuierliche Produktion von militärischen Versorgungsgütern aufrecht. Ausgedehnte sowjetische Eisenbahnen waren bei der Erreichung dieses Kunststücks von entscheidender Bedeutung.

Die Entfernungen, die die Deutschen bis Mitte bis Ende Juli zurücklegten, waren erstaunlich. Sie eroberten etwa 640 Kilometer Land und waren 320 Kilometer von Moskau entfernt. Jedoch näherte sich Hitlers größter Nachteil – und derjenige, den er am meisten fürchtete – schnell: der *Winter*. Als er näher rückte, befahl Hitler der Heeresgruppe Nord, ihren Vormarsch zu stoppen – kurz vor Leningrad (dem heutigen St. Petersburg). Die Heeresgruppen Süd und Mitte setzten jedoch ihre Vorstöße fort. Bis zu diesem Zeitpunkt nahmen die Deutschen in ganz Russland riesige Mengen sowjetischer Soldaten gefangen. Nur wenige Wochen zuvor hatte eine deutsche Einkesselung zur Gefangennahme von 500.000 Sowjetsoldaten geführt, während sie im Oktober 1941 weitere 600.000 gefangen nahmen. Dies zeigt die wahnsinnige Menge an Männern, die die Sowjets entbehren konnten – und trotzdem im Kampf blieben. Dennoch begannen die Deutschen, die wachsende Herausforderung dieser Invasion zu spüren. Was ein paar Wochen schnellen Vorrückens sein sollte, zog sich gefährlich in die Länge. Der gewöhnliche deutsche Soldat wurde müde, schnelle und lange Märsche und ständige Kämpfe forderten ihren Tribut, ebenso wie das zunehmend schlechte Wetter. Und die ganze Zeit über produzierten die Sowjets frische Verstärkungen aus ihrer scheinbar endlosen Quelle an Arbeitskräften. Und was noch wichtiger war, sie waren alle besser für das herausfordernde Wetter gerüstet. Schon bald spaltete sich das deutsche Oberkommando in seinen Ansichten – bestimmte Generäle wollten den Vormarsch stoppen und für den Winter eine Verteidigungslinie einnehmen. Die führenden Generäle Bock, Brauchitsch und Halder drängten jedoch darauf, so hart und schnell wie möglich voranzukommen – in der Annahme, dass die Sowjets kurz vor dem Ende stünden. Hitler stimmte zu – Moskau war zu nah, um jetzt aufzuhören.

Aber der berüchtigte russische Winter ist ein schrecklicher Feind – einer, der viele Armeen in ihren Spuren zum Stillstand brachte. Im Dezember 1941 erlebten die Deutschen ihre bisher größte Herausforderung. Die beißenden Winde und Temperaturen unter dem Gefrierpunkt erschwerten den Kampf und das Vorrücken, und den Truppen fehlte geeignete Winterkleidung und -ausrüstung. Männer erlitten Erfrierungen, während Panzer und Fahrzeuge Schwierigkeiten hatten, durch den tiefen Schnee zu fahren. Dennoch gelang es ihnen im Dezember, in die Vororte von Moskau einzudringen, aber sie kamen nicht weiter voran – *Barbarossa* geriet ins Stocken. Mit Verlusten, die für die Deutschen einen Höchststand erreichten, war offensichtlich, dass die anfängliche Invasion der Sowjetunion ein Fehlschlag war. Und als die abgehärteten sowjetischen Truppen im Winter 1941 eine massive Gegenoffensive starteten, sollten sich die Dinge für die Deutschen auf eine neue und harte Weise wenden.

Die Gegenoffensive wurde vom deutschen Oberkommando nicht erwartet – sie verließen sich darauf, dass die Sowjets alle ihre Verstärkungen erschöpft hatten und unmöglich noch mehr Männer aufbringen konnten. Sie lagen jedoch gründlich falsch. Stalin verlegte seine Truppen aus dem Fernen Osten Russlands, aus Sibirien und Zentralasien, und fand genug Kräfte, um eine Gegenoffensive entlang der Front zu starten. Hitler befahl seinen Generälen, die Linie zu halten, aber sie hatten einfach keine Zeit, ihre Kräfte zu konsolidieren und eine tragfähige Verteidigung aufzubauen. So kam es zur ersten großen Meinungsverschiedenheit zwischen Hitler und seinen Generälen, da ersterer wiederholt forderte, dass die deutsche Armee standhalten sollte. Als die Generäle sich weigerten und gegen Hitlers Befehle einen begrenzten Rückzug über den Oka-Fluss anordneten, wurden die meisten von ihnen entlassen, darunter: Guderian, Brauchitsch, von Bock, Hoepner und Strauss. Am Ende hatten die sowjetischen Gegenoffensiven begrenzten Erfolg – es gelang ihnen, die deutsche Frontlinie mehrere hundert Kilometer zurückzudrängen und die Bedrohung für Moskau zu beseitigen, aber alles unter großen Verlusten an Menschenleben. Dies war das Ende der deutschen Blitzkrieg-„Ära", und der Krieg verlagerte sich in eine völlig neue Form – und eine ganz andere Richtung.

Der Krieg im Pazifik

1941 sollte die Welt ihren nächsten Schock erleben, der sie in einen wahrhaft globalen Konflikt stürzen würde. Japan verfolgte schon lange eine zunehmend expansionistische Politik mit dem Ziel, den Pazifik und die meisten seiner Nachbarn zu dominieren, und es war nur eine Frage der Zeit, bis sie zu offenen Kriegshandlungen greifen würden. Der Konflikt mit China war schon vor Kriegsbeginn ein andauerndes Problem, und nun bauten die Japaner ihre militärische Macht aus und konzentrierten sich auf die alliierten Mächte und deren Marine- und Luftstützpunkte im Pazifik. In den Monaten vor ihrem Kriegseintritt begannen die Japaner, ihre Ausgaben für die Rüstungsindustrie drastisch zu erhöhen. Ihr Militär wurde von zwei Zweigen dominiert: der IJA (Kaiserlich Japanische Armee) und der IJN (Kaiserlich Japanische Marine), die beide erheblich modernisiert waren und über eine große Anzahl von Männern und Waffen verfügten. Als Teil ihrer Kriegsvorbereitungen umriss Japan seine strategischen Ziele: die schnelle Eroberung wichtiger wirtschaftlicher Ressourcen auf der malaiischen Halbinsel, in Singapur und in Niederländisch-Ostindien. Da die japanische Führung zudem davon ausging, dass die Vereinigten Staaten sich irgendwann unweigerlich in den globalen Konflikt einmischen würden, wollten sie diese Bedrohung beseitigen, bevor es dazu kam. So planten sie die Eroberung von Guam, Wake und den Philippinen. Die Grundlage des Plans war folgende: eine schnelle Einnahme ihrer wichtigsten strategischen Ziele und dann die Errichtung starker Verteidigungsanlagen, mit denen alle möglichen alliierten Angriffe abgewehrt werden sollten. Um Zeit für den Aufbau der Verteidigung zu gewinnen, wollten die Japaner die Amerikaner lähmen und sich viel Zeit verschaffen. Und dafür fanden sie das perfekte Ziel - *Pearl Harbor.*

Am 7. Dezember 1941 begannen schließlich die simultanen japanischen Angriffe. Sowohl die Marine als auch die Armee starteten mehrere getrennte Angriffe auf alliierte Mächte im gesamten

Pazifikraum. So begann die Malaya-Kampagne gegen die Briten, die Angriffe auf Hongkong, Guam, Wake Island und der Fall der Philippinen, die schnelle Invasion Thailands sowie der berüchtigte Angriff auf Pearl Harbor. In dem Bestreben, die Amerikaner im Pazifik schnell auszuschalten, führten die Japaner einen Überraschungsangriff auf ihre in Honolulu, Hawaii, stationierte Flotte in der Pearl Harbor Station durch. Sie glaubten, dass die Amerikaner nach einem verheerenden Schlag um Frieden mit Japan bitten und ihnen freien Zugang zum Pazifik gewähren würden. So kam es, dass japanische Flugzeugträger und Flugzeuge am Morgen des 7. Dezember der US-Seemacht einen vernichtenden Schlag versetzten. Ohne jede Vorwarnung starteten sie einen umfassenden Angriff mit Torpedobombern, Kamikaze-Jägern, Zerstörern und Flugzeugträgern, zerstörten acht amerikanische Zerstörer und 188 Flugzeuge, bombardierten den Hafen und verursachten fast 2.500 amerikanische Opfer. Der Angriff ließ die Welt und die Vereinigten Staaten fassungslos zurück. Bereits am nächsten Tag erklärten alle großen alliierten Mächte und die Vereinigten Staaten Japan den Krieg. Drei Tage später erklärten die Achsenmächte den Vereinigten Staaten den Krieg, was diese effektiv in einen Zweifrontenkrieg zog.

Fast gleichzeitig führten die japanischen Streitkräfte Luftangriffe auf die Flugplätze Clark und Iba in der Nähe von Manila auf den Philippinen durch. Sie fügten der amerikanischen Luftwaffe, die ahnungslos am Boden stationiert war, einen schweren Schlag zu. Ebenfalls am 8. Dezember begannen die Japaner ihren Angriff auf Hongkong, das am 25. desselben Monats fiel. Als Nächstes konzentrierten sich die Japaner am 10. Dezember auf die Philippinen, landeten auf der Insel Luzon und rückten auf Manila vor. Es lag an General Douglas MacArthur, dem Befehlshaber aller amerikanischen Streitkräfte auf den Philippinen, eine Reihe strategischer Rückzugsoperationen durchzuführen, die seine Truppen in Sicherheit nach Bataan brachten. Dies ließ die Hauptstadt der Philippinen,

Manila, unverteidigt, und die Japaner marschierten am 2. Januar 1942 in die Stadt ein. Nichtsdestotrotz rückten die Japaner eine Woche später weiter nach Bataan vor und begannen ihren Angriff. MacArthur wurde befohlen, nach Australien auszureisen, und die verbliebenen philippinischen und amerikanischen Truppen versuchten, Bataan zu verteidigen, obwohl sie nur über wenig Nachschub und Munition verfügten. Es fiel schließlich am 9. April, und die Japaner nahmen etwa 76.000 philippinische und amerikanische Gefangene, die dann zu einem unmenschlichen 106 Kilometer langen Zwangsmarsch durch unwegsames Gelände gezwungen wurden, bei dem es viele Opfer gab. Er wurde als *Todesmarsch von Bataan* bekannt.

Die japanische Expansion verlief schnell und brutal und breitete sich rasch über den Pazifik aus, sogar bis nach Australien. Ende Januar 1942 wurden Niederländisch-Ostindien sowie Neuguinea, die benachbarten Salomonen, Britisch-Burma und die Städte Kuala Lumpur und Rabaul überfallen. Die Alliierten konnten Malaya nicht verteidigen und unternahmen einen verzweifelten Versuch, der japanischen Armee in Singapur Widerstand zu leisten – scheiterten jedoch letztendlich und mussten am 15. Februar kapitulieren. Im Februar häuften sich die japanischen Erfolge mit der Eroberung von Timor und Bali. Die alliierte Luftmacht wurde in Südostasien fast vollständig besiegt, was es den Japanern ermöglichte, die Lufthoheit zu erlangen und weitreichende Bombenangriffe durchzuführen. Es gelang ihnen sogar, Australien zu erreichen und im Februar die Stadt Darwin zu bombardieren, wobei 243 – meist zivile – Todesopfer zu beklagen waren. Ende Februar und Anfang März brachten neue Eroberungen – die IJN, die japanische Marine, errang in der Schlacht in der Javasee einen vollständigen Sieg über die Alliierten. Dies veranlasste die alliierten Streitkräfte auf Sumatra und Java, nach dem Ende des Feldzugs in Niederländisch-Ostindien zu kapitulieren. Im April führten die Japaner Marineüberfälle tiefer in den Indischen Ozean durch und griffen britische Marinestützpunkte auf Ceylon an. Nach

Verlusten dort zogen sich die Briten weiter nach Westen zurück. Nachdem diese Bedrohung beseitigt war, hatten die Japaner einen klaren Weg zum Angriff auf Burma und Indien. Der Krieg nahm für die Briten eine weitere Wendung zum Schlechteren, nachdem sie in Burma große Verluste erlitten hatten und gezwungen waren, sich in Richtung der Grenze zwischen Indien und Burma zurückzuziehen. Ende 1941 begannen die Alliierten langsam, sich von den ersten Angriffen zu erholen und über eine Neugruppierung und Vergeltung nachzudenken. Zu diesem Zeitpunkt befand sich Australien bereits mitten im Krieg – ihre Truppen kämpften in Übersee in Europa, hauptsächlich im Mittelmeerraum. Dies machte ihr Heimatland anfällig für japanische Angriffe – die auch tatsächlich stattfanden: Die japanischen Luftstreitkräfte führten wiederholte kleine Angriffe auf die australische Küste durch. Dies veranlasste die Australier, Hilfe von den Vereinigten Staaten zu suchen, was durch eine historische Rede des australischen Premierministers John Curtin formalisiert wurde. Am 27. Dezember 1941 sagte er:

„Die australische Regierung betrachtet den Kampf im Pazifik in erster Linie als einen, bei dem die Vereinigten Staaten und Australien bei der Ausrichtung des Kampfplans der Demokratien das größte Mitspracherecht haben müssen. Ohne jegliche Hemmungen stelle ich klar, dass Australien auf Amerika blickt, frei von jeglichen Gewissensbissen hinsichtlich unserer traditionellen Verbindungen oder Verwandtschaft mit dem Vereinigten Königreich."

Dieser Hilferuf wurde durch die überraschende und vernichtende Niederlage der Alliierten in Malaya und Singapur, wo auch australische Truppen stationiert waren – etwa 15.000 ihrer Soldaten wurden dabei gefangen genommen – noch verstärkt. All dies zusammen stellte eine enorme Bedrohung für Australien dar, insbesondere wenn man bedenkt, dass die Japaner Neuguinea invadiert hatten und von dort aus einen klaren Weg zur australischen Küste hatten. Dies führte schließlich zur Formulierung eines entscheidenden Verteidigungsplans durch den legendären General Douglas MacArthur. Der australische Premierminister erklärte sich daher damit einverstanden, seine Truppen unter MacArthurs Kommando zu stellen, der daraufhin zum Oberbefehlshaber des Südwestpazifiks wurde. Sein Hauptquartier befand sich in Melbourne, und ab März 1942 begannen sich die amerikanischen Truppen in Australien zu sammeln, was auf eine Erholung der Alliierten hindeutete.

Midway

Nach ihren anfänglichen Erfolgen konzentrierten sich die Japaner nun auf die zweite Phase ihrer geplanten Vorhaben. Und das beinhaltete eine noch größere Expansion. Die nächsten Ziele waren der Rest von Neuguinea, die Aleuten, die Fidschi-Inseln, Samoa, Midway und Neubritannien. Allerdings sollten sie bald einen schweren Schlag erleiden – vielleicht die erste bedeutende Niederlage seit ihrem Eintritt in den Krieg. Und diese Niederlage kam in der legendären *Schlacht um Midway*. Der japanische Großadmiral und Oberbefehlshaber der vereinigten Flotte, Isoroku Yamamoto, richtete seine Aufmerksamkeit auf das Midway-Atoll, eine kleine Koralleninsel am äußersten Rand des hawaiianischen Archipels. Die Insel beherbergte eine amerikanische Marinefliegerbasis und hatte eine große taktische Bedeutung für die Amerikaner. Yamamoto erkannte jedoch das Potenzial, das sie barg, und wusste, dass die anschließende Operation gegen die Insel die Waagschale des Krieges kippen könnte – und das strategische Potenzial Amerikas im Pazifik eliminieren würde. Admiral Yamamoto hatte nur vier Flugzeugträger zur Verfügung, die Überreste der vorangegangenen Schlacht im Korallenmeer: Sōryū, Hiryū, Akagi und Kaga. Mit diesen Schiffen hoffte Yamamoto, die Lufthoheit zu erlangen und anschließend seine Truppen auf der Insel zu landen, um sie einzunehmen. Das Endergebnis sollte einen Gegenangriff der United States Navy provozieren, die in eine Falle geraten und von den japanischen Verteidigungslinien zerstört werden sollte.

Doch leider wurde Yamamotos kühner und großer Plan bald aufgedeckt: Amerikanische Codebrecher fingen die japanischen Kommunikationen ab und entdeckten den Angriffsplan. Darüber hinaus fand die geplante Aufklärung durch die japanischen Streitkräfte nicht rechtzeitig statt, und so konnten sie nichts von den sich nähernden amerikanischen Flugzeugträgern wissen, die eilig auf Midway zusteuerten. Dieses Ereignis lief Yamamotos Plan völlig zuwider – und er hatte keine Ahnung davon. Die Situation kulminierte am 3. Juni, als US-Flugzeuge, die auf Midway stationiert waren, die japanische Flotte etwa 1.100 Kilometer (700 Meilen) westlich der Insel entdeckten und sie angriffen. Am nächsten Tag starteten japanische Flugzeugträger 108 Flugzeuge, um Midway anzugreifen, aber die US-Jäger griffen ein und die Wirkung war nur mäßig. In der Zwischenzeit rückte die amerikanische Trägerflotte – mit 116 *zusätzlichen* Flugzeugen – vor, um die japanische Flotte anzugreifen. Das folgende Gefecht war eines der entscheidenden im Pazifikkriegsschauplatz. Amerikanische SDB Dauntless Sturzkampfbomber überraschten die japanischen Flugzeugträger und trafen drei der vier anwesenden erfolgreich – sie gingen schnell in Flammen auf. Der letzte verbliebene japanische Träger schaffte es, das US-Schiff Yorktown zu beschädigen, wurde aber später durch weitere Bombenangriffe zerstört. Die schwer beschädigte Yorktown wurde später zusammen mit der USS Hammann von dem japanischen U-Boot I-168 versenkt. Trotzdem endete die Schlacht als große Niederlage für die Japaner, und ihre Midway-Operation war ein vollständiger und absoluter Misserfolg. Sie kehrte auch ihren anfänglichen Vorteil im Krieg um – die Initiative im Pazifik war nun im Gleichgewicht. Und für die Alliierten war dies die perfekte Gelegenheit, das Blatt des Krieges zu wenden. Die Schlacht von Midway wurde als *„der erstaunlichste und entscheidendste Schlag in der Geschichte der Seekriegsführung"* bezeichnet.

Guadalcanal

Wenn man die Geschichte des pazifischen Kriegsschauplatzes im Zweiten Weltkrieg betrachtet, muss man den großen Schlachten, die dort stattfanden, besondere Aufmerksamkeit schenken. Bei kritischer Betrachtung wird schnell klar, dass der Pazifik einer der brutalsten, unerbittlichsten und dynamischsten Kriegsschauplätze des gesamten Konflikts war. Leider können wir aufgrund der Natur dieses Werkes nicht jedem entscheidenden Gefecht so viel Aufmerksamkeit widmen, wie wir gerne möchten. Daher konzentrieren wir uns auf die großen Schlachten – jene, die sich für Generationen in die Militärgeschichte einprägten. Und *Die Schlacht um Guadalcanal* ist definitiv eine solche.

Um August 1942 erfuhren die Alliierten, dass die Japaner einen großen Flugplatz auf Guadalcanal bauten, einer Insel in der Salomonen-Kette, nordöstlich von Australien. Die Alliierten verstanden, dass die Lage des Flugplatzes entscheidend für ihren Erfolg und das Kippen der Waage zu ihren Gunsten war. Mit der Einnahme der Insel konnten sie diese als Operationsbasis nutzen, um die große japanische Streitmacht in Rabaul erfolgreich zu eliminieren. So wurde die Guadalcanal-Kampagne zur ersten großen Offensive der Alliierten gegen die Japaner – die Initiative, die sie nach Midway anstrebten. Am 7. August landeten US-Marines auf der Insel und überraschten das zahlenmäßig unterlegene japanische Kontingent. Als die Nachricht jedoch die japanischen Streitkräfte in Rabaul erreichte, wurde schnell eine Flotte zusammengestellt und entsandt, um die Alliierten bei Guadalcanal abzufangen. Diese schnelle Reaktion war ein entscheidender Zug, der zur Schlacht von Savo Island führte, in der die Japaner einen meisterhaften Sieg errangen und vier alliierte schwere Kreuzer versenkten.

Dennoch eskalierte die Schlacht auf der Insel selbst zu einem erbitterten und langwierigen Konflikt. Im Kampf um einen strategischen Landstreifen verfielen sowohl die Amerikaner als auch die Japaner in eine grausame Abnutzungsschlacht, die sich über sechs Monate hinzog. Die Japaner verloren zunächst die Kontrolle über das Flugfeld und schickten wiederholt Angriffe, um es zurückzuerobern – wobei sie schwere Verluste erlitten. Im August kam es zu einer weiteren Seeschlacht, diesmal ohne entscheidendes Ergebnis, bekannt als die Schlacht bei den Ost-Salomonen. Im Oktober jedoch änderte sich die Situation – und den Amerikanern gelang es, der japanischen Marine einen Schlag zu versetzen, indem sie in der Nachtschlacht, bekannt als die Schlacht von Cape Esperance, einen Sieg errangen. Weitere sporadische Seegefechte fanden im Oktober und bis in den November hinein statt, mit Verlusten auf beiden Seiten, wobei die japanische Marine einen höheren Tribut zahlte. Guadalcanal war auch Schauplatz einiger der größten Luftschlachten, in denen die Luftmacht beider Nationen gegeneinander antrat – beide verfügten über beeindruckende Jagdflugzeuge. Am Boden sah die Situation jedoch ganz anders aus. Angespornt durch ihre unerschütterliche Hingabe an ihren Kaiser, startete die japanische Infanterie wiederholte Massenangriffe auf amerikanische Stellungen und erlitt dabei schockierende Verluste. Ihre berühmten „*Banzai*"-Angriffe glichen einem Massenselbstmord – aber in der Überzeugung des japanischen Soldaten war es ein würdiges Opfer für ihren Kaiser und das ewige japanische Reich. Marineträger brachten ständig neue Verstärkungen, um die enormen Verluste auszugleichen. Nach kontinuierlichen Seegefechten erkannte die japanische Marine schließlich, dass der Einsatz einfach zu kostspielig war, um ihn fortzusetzen. Jedes verlorene Schiff bedeutete eine große Belastung für ihre Streitkräfte, die nicht so leicht ersetzt werden konnten wie auf der alliierten Seite. Am Ende evakuierten die Japaner die Insel Guadalcanal im Februar 1943 und gaben das Gefecht auf. Das Verhältnis zwischen den Verlusten am Ende war der perfekte Einblick darin, wie verheerend die Taktik des „Massenangriffs" der Japaner war – sie erlitten über 20.000 Verluste, verglichen mit nur 7.000 auf amerikanischer Seite.

Iwo Jima

Der Krieg im Pazifik dauerte wesentlich länger als die Konflikte in anderen Teilen der Welt und war von fast ununterbrochenen Offensiven geprägt. Die Zeit zwischen 1943 und 1945 war durch verstärkte alliierte Offensivkampagnen gekennzeichnet, einschließlich der Kämpfe in Burma, auf den Salomonen, den Philippinen und in Indien. Als sich jedoch das Ende für die Japaner stetig näherte, wurde ihr Kampf verzweifelter – und weitaus erbitterter. 1945 standen die Amerikaner vor ihrer bisher größten Herausforderung: Sie brachten den Kampf zum Feind, und zwar mit Nachdruck. Zwei große Schlachten sollten die letzten Konflikte im Pazifik markieren – Iwo Jima und Okinawa. Beide sollten zum tragischen Symbol für die enormen Verluste auf beiden Seiten werden, mit zweifelhaftem strategischem Nutzen am Ende. Als die Alliierten die Marianen-Inseln sicherten, waren sie dem japanischen Festland viel näher. Allerdings waren die Marianen immer noch ganze 1.900 Kilometer entfernt, und es war für die amerikanischen Bomber noch eine beträchtliche Strecke zu fliegen. Ein näherer Luftwaffenstützpunkt war nötig, wenn die Alliierten Japan aus der Luft bedrohen wollten. Die Insel *Iwo Jima*, Teil der Vulkaninseln, erwies sich als geeignetes Ziel, da sie auf halbem Weg zwischen Japan und den Marianen lag. Ihr strategischer Wert war dem amerikanischen Oberkommando sofort klar, und der Angriffsplan wurde bald in die Wege geleitet. Allerdings befand sich bereits eine japanische Streitmacht auf der Insel – sie wurde genutzt, um mögliche amerikanische Luftangriffe auf Japan zu erspähen. Sie verfügte auch über ein Flugzeugkontingent. So hielt dieser kleine, fast konturlose Landstreifen inmitten des Ozeans eine lebenswichtige Bedeutung. Notlandeplätze würden für die amerikanischen Bomber entscheidend sein und Japan in ernsthafte Bedrängnis bringen. All dies deutete auf einen blutigen Kampf hin.

Leider erkannten auch die Japaner den strategischen Wert. Würden sie die Insel verlieren, würden sie auch den lebenswichtigen Schutz ihrer Heimat verlieren. Wenn die Amerikaner die Flugfelder einnehmen würden, würden ihre Flugzeuge die Flotte schützen, und Japan würde die Kontrolle über die Gewässer in der Gegend verlieren. So kam es, dass die japanischen Streitkräfte unter dem Kommando von Generalleutnant Tadamichi Kuribayashi ab Mai 1944 begannen, eine Reihe weitreichender und komplexer Verteidigungsanlagen zu errichten. Sie nutzten das zerklüftete Gelände aus, entdeckten und schufen Tunnel und Höhlen und legten Fallen – alles in Vorbereitung auf den bevorstehenden amerikanischen Angriff. Diese Erdarbeiten wurden zum ikonischen Bild des japanischen „Durchhalte"-Kampfes – die hervorragend getarnten und versteckten Geschütze, ein ausgeklügeltes Tunnelnetzwerk und strategische Durchgänge. Iwo Jima wurde schnell zu einer natürlichen, unterirdischen Festung von beispiellosem Ausmaß. Die Hügel waren übersät mit Artilleriestellungen, die perfekt versteckt und getarnt waren und aus einem perfekten Winkel auf die Alliierten feuern konnten. Viele dieser Stellungen waren so gut positioniert, dass nur ein präziser Treffer sie außer Gefecht setzen konnte, was den Angriff weitaus komplizierter machte als erwartet. Und vielleicht am wichtigsten ist die japanische Moral und Geisteshaltung zu berücksichtigen. Kuribayashi und seine Männer wussten alle, dass Iwo Jima nicht auf unbestimmte Zeit verteidigt werden konnte und dass ein Sieg so gut wie unmöglich war. Trotzdem waren sie alle entschlossen, bis zum Tod zu kämpfen – Kapitulation war keine Option. Während des gesamten Pazifikkrieges war diese Einstellung unter den japanischen Soldaten präsent – die massenhaften *Banzai*-Angriffe und die *Kamikaze*-Piloten sind die berühmten Beispiele für ihre blinde Aufopferung für das Reich und den Kaiser. Und so waren die 21.000 japanischen Verteidiger auf Iwo Jima bereit, den Amerikanern einen Kampf bis zum bitteren Ende zu liefern.

Was in der folgenden Zeit folgte, ist eines der blutigsten, verbittertsten und grausamsten Gefechte im Pazifikkrieg, das für die Amerikaner ein ernüchternder Ruf war und entscheidende Fragen zum strategischen Nutzen im Vergleich zu den Kosten an Menschenleben aufwarf. Der Angriff auf Iwo Jima war als *Operation Detachment* bekannt und setzte etwa 70.647 Mann ein – ein klarer zahlenmäßiger Vorteil gegenüber den Japanern. Darüber hinaus wollten die Amerikaner die Verteidigung vor der Landung der Männer aufweichen – ab Juni 1944 begannen die US-Marine und Luftwaffe mit einer systematischen Bombardierung der Insel in der Hoffnung, die Verteidiger zu dezimieren. Dies erwies sich jedoch als völliger Misserfolg: Die Japaner waren so gut eingegraben, dass das intensive Bombardement sie fast unberührt ließ. Die japanischen Soldaten waren am dichtesten um den Berg Suribachi konzentriert, einen inaktiven Vulkan, der die Insel beherrscht. Hier landeten die Amerikaner am 19. Februar 1945 zuerst. Für jeden Zentimeter, den sie vorwärts kamen, zahlten die US-Soldaten einen blutigen, hohen Preis: Scheinbar ahnungslos gegenüber der japanischen Präsenz in den Hügeln, gerieten sie erst unter vernichtendes Feuer, als die Strände von Iwo Jima voll von Männern waren. Als der erste Tag des Gefechts endete, hatten die Amerikaner Fortschritte gemacht – aber dabei über 2.000 Mann verloren. Der beherrschende Gipfel des Berges Suribachi wurde am 23. Februar erobert, als die amerikanische Flagge triumphierend darüber gehisst wurde – von der Kamera eingefangen, um zu einem ikonischen Foto und einem Symbol des Pazifikkriegs zu werden. Dennoch war dies nur der erste Erfolg – Iwo Jima war noch nicht vollständig erobert. Die Kämpfe dauerten noch eine Weile an – den ganzen Februar und bis in den März hinein. Die gesamte Insel war erst am 26. März vollständig gesichert, aber dieser Sieg der Amerikaner kam zu einem hohen Preis. Sie hatten über 19.000 Verwundete und fast 7.000 Tote zu beklagen. Die Japaner hingegen kämpften bis zum letzten Mann: Über 20.000 Männer gaben ihr Leben auf Iwo Jima und verteidigten ein Ideal – die Vorstellung eines Ewigen Reiches, das bald zu Staub zerfallen sollte. Der Sand von Iwo Jima war mit Blut getränkt – aber war es das wert?

Okinawa

Jedoch sollte Iwo Jima bald darauf in jeder Hinsicht übertroffen werden. Die blutigste Schlacht des Pazifiks stand kurz bevor und sollte als Zeugnis für die hartnäckige japanische Hingabe und die Ausdauer des amerikanischen Soldaten in Erinnerung bleiben. Und diese Schlacht war *Okinawa*. Die Insel Okinawa ist die größte in der Ryukyu-Inselkette, die vor der Südspitze der Insel Kyushu des japanischen Festlands liegt. Mit ihrer Eroberung würden die Amerikaner einen riesigen Schritt näher an die Invasion der „Heimatinseln" Japans und die endgültige Unterwerfung ihres Feindes herankommen. Allerdings war die Eroberung einer für beide Seiten so wichtigen Insel keine leichte Aufgabe. Und was folgte, sollte Iwo Jima in jeder Hinsicht in den Schatten stellen. Die Schlacht um Okinawa war etwas, das man im pazifischen Kriegsschauplatz noch nie zuvor gesehen hatte – der schiere Umfang der Schlacht, die beteiligten Truppenstärken, die erbitterte japanische Politik des Nicht-Aufgebens und die großangelegten Selbstmordangriffe: All dies diente als grausige Erinnerung daran, dass Krieg eine brutale Angelegenheit ist, egal wo er geführt wird. Da die Insel Okinawa in einer Inselkette liegt und nur 550 Kilometer vom japanischen Festland entfernt ist, war ihr strategischer Wert immens: Von ihren Flugplätzen aus konnten die Amerikaner ihre Bomber in großer Zahl einsetzen, den Luftraum über Japan beherrschen und eine zukünftige Invasion von Kyushu unterstützen. Mit Okinawa in ihrem Besitz würde der Würgegriff um Japans Hals einen kritischen Punkt erreichen.

Die amerikanischen Streitkräfte zählten etwa sieben Divisionen und insgesamt rund 183.000 Mann unter der Tenth Army. Letztere stand unter dem Kommando von Generalleutnant Simon Bolivar Buckner Jr. Im Vergleich dazu zählten die zur Verteidigung der Insel eingesetzten japanischen Truppen nahezu 100.000 Mann, die zusätzlich von vielen Zivilisten unterstützt wurden, die die Insel ihre

Heimat nannten. Sie wurden von Generalleutnant Ushijima Mitsuru befehligt. Die British Pacific Fleet war ebenfalls Teil der Schlacht, mit dem Ziel, Langstrecken-Feuerunterstützung gegen die kleinen Flugfelder auf den umliegenden Inseln zu leisten. Die amerikanische Marine war auch aktiv, genau wie in der Schlacht um Iwo Jima: Die Tage vor den Bodenangriffen waren von intensivem Luft- und Seebombardement auf Okinawa geprägt, mit dem Ziel, die Verteidigung zu schwächen. Danach kam der erste Angriff am 1. April 1945. Die Schlacht sollte 3 Monate dauern. Die anfänglichen Landungen der Amerikaner stießen weitgehend auf keinen Widerstand – die japanischen Streitkräfte zogen sich weiter ins Landesinnere zurück und vermieden so das Seebombardement. Nachdem die Alliierten jedoch die ersten strategischen Ziele erreicht hatten, mussten sie sich nach einem großen japanischen Gegenangriff verteidigen. Dieser erfolgte am 6. und 7. April. Der Gegenangriff fügte der Schlacht um Okinawa einen bedeutenden maritimen Aspekt hinzu: Die Japaner versuchten, die amerikanische Flotte abzulenken, indem sie sie in eine Schlacht verwickelten. Sobald sie abgelenkt war, sollte die Flotte von *Kamikaze*-Piloten angegriffen werden. Die japanische Flotte – der bereits der Treibstoff ausging – erlitt jedoch in der folgenden Auseinandersetzung eine schreckliche Niederlage. Dennoch wurden die japanischen Taktiken spürbar verzweifelter. Der Verlauf der Schlacht um Okinawa wurde durch kontinuierliche Kamikaze-Angriffe geprägt. Junge japanische Männer, viele von ihnen 17 und 18 Jahre alt, hatten nur eine Mission: amerikanische Schiffe und Flugzeugträger zu rammen und ihr Leben für den Kaiser zu opfern. Für sie war es die höchste Ehre, dies zu tun: Das damalige Japan rühmte sich einer tausendjährigen starken Militärgeschichte, die vom Bushido-Ehrenkodex dominiert wurde, der für die Samurai der Vergangenheit charakteristisch war. Die jungen Kamikaze-Piloten verfassten ihre Todesgedichte und versuchten – ihre Flugzeuge mit Bomben beladen – dem Flugabwehrfeuer auszuweichen, während sie ihre Maschinen in amerikanische Schiffe rammten. Letztere betrachteten dies als „unmenschliche Kriegsführung", während die Japaner das Opfer für das Imperium verherrlichten. Im Laufe der dreimonatigen Schlacht flogen die japanischen Kamikaze-Piloten 5.500 Einsätze und fügten den Amerikanern schreckliche Verluste zu. Insgesamt kamen die Amerikaner nur langsam und unter hohen Verlusten voran. Die gut verschanzten japanischen Soldaten leisteten erbitterten Widerstand und nutzten Tarnungstaktiken, Fallen und unterirdische Verteidigungsanlagen. Im südlichen Teil der Insel wurde die historische Burg Shuri zum Zentrum der japanischen Verteidigung. Sie fiel am 29. Mai an die Amerikaner und war ein bedeutender strategischer Verlust für die Japaner. Am 21. Juni war die japanische Niederlage offensichtlich. In der Erkenntnis, dass die Schlacht vorbei und verloren war, sendet der japanische Befehlshaber Mitsuru Ushijima eine Nachricht nach Tokio, in der er von der Niederlage berichtet und sich beim Kaiser entschuldigt. Dann begibt er sich auf ein malerisches Vorgebirge an der Küste, wo er den traditionellen japanischen Selbstmord – *Seppuku* – begeht. Zuvor hatte er die Bitte des amerikanischen Befehlshabers zur Kapitulation abgelehnt. Er wurde von den Amerikanern an Ort und Stelle mit allen militärischen Ehren bestattet. Okinawa war für beide Seiten ein kostspieliges Unterfangen. Die Amerikaner hatten anfangs nicht mit einem so erbitterten Widerstand gerechnet. Sie erlitten fast 50.000 Verluste, davon 12.500 Tote. Auf der anderen Seite waren die Verluste erneut erschreckend – die Japaner kämpften bis zum letzten Mann und erlitten 110.000 Tote, wobei nur 7.400 gefangen genommen wurden. Die Todesfälle machten 94 % ihrer Streitkräfte aus. Okinawa war ein erbitterter Konflikt, der letztendlich zu einem schnelleren Ende sowohl des Krieges im Pazifik als auch des Zweiten Weltkriegs insgesamt beitragen sollte.

Nachdem sie gesehen hatten, wie hingebungsvoll, verbittert und hart die japanischen Soldaten in ihren letzten Momenten kämpften, begannen die Amerikaner, die geplante Landinvasion des japanischen Festlands zu überdenken. Nach den bisherigen Erfahrungen wurde klar, dass die japanischen Soldaten und Zivilisten gleichermaßen bis zum Tod kämpfen würden, wenn eine Invasion stattfände. Mit ihrem stark militaristischen Hintergrund, der Geschichte eines strengen Moralkodexes und der äußersten Hingabe an das Japanische Kaiserreich und den Kaiser würden die Japaner niemals leichtfertig kapitulieren. All dies deutete klar darauf hin, dass der amerikanische Plan einer Invasion des Festlandes zu katastrophalen Verlusten führen würde. Dennoch war der Sieg wahrscheinlich – wenn auch zu einem hohen Preis. So entschied sich das amerikanische Oberkommando für eine neue Waffe – eine, die in der Geschichte der Welt noch nie eingesetzt worden war und die letztendlich den Ausgang des Zweiten Weltkriegs entscheiden sollte. Am 25. Juli 1945 wurden offizielle Befehle für die Atombombenangriffe auf japanische Städte erteilt: Nagasaki, Niigata, Kokura und Hiroshima. Zuvor war die Zustimmung des Vereinigten Königreichs zum Einsatz von Atomwaffen eingeholt worden.

Am 6. August 1945 warf der amerikanische B-29-Bomber mit dem Namen „Enola Gay" seine Ladung über der ahnungslosen Stadt Hiroshima ab. Letztere war ein wichtiges Zentrum der Militärindustrie und ein entscheidender Einschiffungspunkt. Die Nutzlast des Bombers war Little Boy, eine 4,4 Tonnen (9.700 Pfund) schwere Uran-Spaltungsbombe mit Geschütztyp. Sie verfehlte den vorgesehenen Abwurfpunkt um etwa 240 Meter (800 Fuß) und verursachte beispiellose Verwüstungen. Nur drei Tage später flog ein weiterer B-29-Bomber, die „Bockscar", über Nagasaki, einem weiteren wichtigen Militärhafen und dem Standort von Japans größtem Schiffbauzentrum. Die Bockscar warf dort den „Fat Man" ab, eine 4,6 Tonnen (10.300 Pfund) schwere Plutonium-Implosionsbombe. Die resultierende Explosion war hunderte Kilometer weit zu sehen und verursachte massive Zerstörungen in der gesamten Stadt – sie hinterließ nichts als weite Flächen eingeebneten Schutts. Es war eine der grausamsten Kriegswaffen, die je erdacht wurden – und innerhalb von Sekunden verursachte sie einen beispiellosen Verlust an Menschenleben. Über 240.000 Menschen starben bei beiden Angriffen zusammen. Selbst die Besatzungen der Bomber – von denen viele nicht vollständig über die Art ihrer Nutzlast informiert waren – waren fassungslos, nachdem sie die Auswirkungen und die Explosion, die massive Pilzwolke und den blendenden Blitz gesehen hatten. Und diese Auswirkungen waren genau so, wie der amerikanische Präsident Harry Truman sie angekündigt hatte, als er die Japaner zur Kapitulation aufforderte: *„Erwarten Sie einen Regen der Zerstörung aus der Luft, wie er auf dieser Erde noch nie gesehen wurde".* Japan kapitulierte am 15. August, nachdem es von den verheerenden Angriffen völlig schockiert worden war. Am 2. September unterzeichneten sie formell die *„Kapitulationsurkunde",* die den Krieg offiziell beendete. In der Folge der Atomangriffe war die Welt jedoch in ihrer Rechtfertigung gespalten. Viele argumentierten, dass die Angriffe Japans Kapitulation effektiv herbeigeführt und zukünftige Verluste an Menschenleben verhindert hätten. Andererseits waren viele entsetzt über die Brutalität einer solchen Waffe und kritisierten den Verlust unschuldiger Zivilisten. So oder so war es ein verheerender Weg, den Krieg zu beenden, der als letztes, brutales Ausrufezeichen des grausamen Krieges im Pazifik in die Geschichtsbücher einging. Und in den Jahren nach den Atombomben sollte Japan nie wieder dasselbe sein.

Der große östliche Fehler: Operation Zitadelle und der Stillstand der Achsenmächte

In Europa nahmen die Dinge jedoch im Vergleich zu den Anfangsstadien des Krieges einen anderen Charakter an. Bereits im Januar 1942 kamen die vier großen alliierten Mächte zusammen, um die Erklärung der Vereinten Nationen zu unterzeichnen, die faktisch die Alliierten Mächte des Zweiten Weltkriegs formalisierte. Diese Erklärung wurde zwischen 1942 und 1945 von 47 nationalen Regierungen unterzeichnet und bekräftigte auch die sogenannte *Atlantik-Charta*, in der die Vereinigten Staaten und das Vereinigte Königreich ihre Ziele für die Welt nach Kriegsende definierten. Darüber hinaus einigten sich die Alliierten mit der Unterzeichnung der Erklärung darauf, keinen separaten Frieden mit den Achsenmächten zu schließen – was bedeutete, dass sie als geschlossene Kampfeinheit zusammenbleiben würden. Dennoch war immer noch nicht sicher, welche Strategie die Alliierten in dem sich entwickelnden Konflikt verfolgen würden. Ihr Hauptziel war jedoch klar wie der Tag – Deutschland mit allen Mitteln zu besiegen. Bei der Diskussion über die Gesamtstrategie beharrten die Sowjets auf der Notwendigkeit, eine zweite Front zu eröffnen – hauptsächlich um den Druck auf die Sowjetunion zu verringern. Dies ging einher mit dem amerikanischen Vorschlag eines großangelegten Angriffs auf Deutschland aus Richtung Frankreich. Dies würde eine zweite Front eröffnen und Deutschland von parallelen Seiten bedrohen. Das britische Oberkommando schlug jedoch eine andere Idee vor – Deutschland von den Randgebieten aus anzugreifen, seine Kräfte zu erschöpfen und Niederlagen zuzufügen. Diese würden dazu beitragen, die Moral der deutschen Truppen – die während der frühen Siege unglaublich hoch war – zu senken und einen Aufschwung des Widerstands und der Partisanenbewegungen in den besetzten Ländern Europas herbeizuführen. Und die ganze Zeit über würden sie sich darauf konzentrieren, die Lufthoheit zu erlangen und Deutschland ständig zu bombardieren.

Und während die Amerikaner auf ihrer Idee einer Invasion des europäischen Festlandes durch Frankreich beharrten, wurde schließlich festgestellt, dass ein solcher Ansatz 1942 nicht möglich war – und mehr Zeit benötigt würde, um dies in die Tat umzusetzen. Der Schwerpunkt sollte auf die Entwicklung von Panzern und Panzerung in größeren Mengen gelegt werden, die als Rückgrat eines zukünftigen Konflikts in Europa dienen sollten. Im folgenden Jahr, 1943, trafen sich Winston Churchill, der britische Premierminister, und Franklin D. Roosevelt, der US-Präsident, erneut auf der Konferenz von Casablanca. Diesmal stimmten die Amerikaner dem britischen Plan einer Invasion Siziliens zu. Durch die Eroberung dieser Insel würden sie die volle Kontrolle über die Versorgungsrouten im Mittelmeer erlangen – ein enormer strategischer Vorteil. Es war bekannt, dass die Briten ihre Vormachtstellung in dieser Region zu Beginn des Krieges verloren hatten. Die Briten gingen sogar so weit, einen größeren Konflikt auf dem Balkan anzustreben, um die Türkei in den Krieg hineinzuziehen. Die Amerikaner konnten sie jedoch von dieser Idee abbringen und erreichten ihre Zusage, die alliierten Aktionen im Mittelmeerraum nur auf die Invasionen Italiens und Frankreichs zu einem späteren Zeitpunkt zu beschränken. Für Deutschland sah die Lage jedoch nicht so gut aus wie zu Beginn des Krieges. Die Invasion der Sowjetunion verlief nicht ganz nach Plan, und Mitte 1942 häuften sich die deutschen Verluste. Trotzdem gelang es den Deutschen, obwohl sie sich nach dem Erreichen Moskaus weiter zurückzogen, den Großteil des Gebiets zu halten, das sie im Vorjahr bei der Invasion erobert hatten. Dank guter Verteidigungsstrategien und überlegener Militärtechnologie gelang es ihnen, bedeutende sowjetische Offensiven abzuwehren. Im Mai 1942 wurden sowjetische Offensiven auf der Halbinsel Kertsch und bei Charkow in der Ukraine abgewehrt, woraufhin die Deutschen im Juni 1942 eine große Sommeroffensive starteten, bekannt als *Fall Blau*. Die Hauptziele dieser Offensive waren die Ölfelder im Kaukasus in Aserbaidschan und die Kuban-Steppe. Fall Blau wurde als direkte Fortsetzung der Operation Barbarossa des Vorjahres betrachtet und war ein weiterer Versuch Hitlers, die sowjetische Kriegsmaschinerie aus dem Krieg zu werfen. Allerdings sollten die Dinge wieder nicht wie geplant verlaufen. Die Offensive selbst wurde in zwei Richtungen aufgeteilt, und dementsprechend wurde auch die Heeresgruppe Süd in zwei Gruppen geteilt: Heeresgruppe A, die damit beauftragt war, die aserbaidschanischen Ölfelder bei Baku zu erreichen, und die Heeresgruppe B, deren Aufgabe es war, zur Wolga und nach Stalingrad (heute als Wolgograd bekannt) vorzurücken. Mit über 1.300.000 Mann und rund 2.000 Panzern stellte die Heeresgruppe Süd immer noch eine große Bedrohung dar und begann ihre Offensive am 28. Juni, wobei sie erneut schnelle Fortschritte machte. Stalingrad wurde fast einen Monat später, am 26. Juli, erreicht. Es folgte eine erbitterte und langwierige Schlacht um die Stadt an der Wolga, die bald zu einer der größten Herausforderungen für die Deutschen wurde. Wieder verließen sich die Deutschen auf die Unterstützung der Luftwaffe und ihre Artillerie und reduzierten Stalingrad zu Schutt und Asche, und die Schlacht wurde zu einem der prägenden Kämpfe an der Ostfront. Die Deutschen brauchten drei Monate, um die Kontrolle über Stalingrad zu erlangen – bis Mitte November.

In der Schlacht von Stalingrad kamen auch Hitlers Hilfstruppen – seine ungarischen, italienischen und rumänischen Verbündeten – in großem Umfang zum Einsatz. Mit diesen Soldaten, die hauptsächlich an den Flanken positioniert waren, sahen sich die Deutschen nun einer erneuten sowjetischen Gegenoffensive in Stalingrad gegenüber. Die zerstörte Stadt bot den Sowjets einen erheblichen taktischen Vorteil, da ihr strategischer Ansatz den deutschen Einsatz taktischer Bewegungen zunichtemachte. Während der erneuten Kämpfe war die deutsche 4.

Panzerarmee bald erschöpft, und die Aufgabe der Verteidigung fiel der 6. Armee zu. Hitler befahl jedoch keinen Ausbruchs- und Rückzugsversuch – stattdessen entschied er, sie in Verteidigungspositionen zu belassen. Eine Einkesselung war nun eine sehr reale Bedrohung. Und schon bald begann die 6. Armee, stark an Kraft zu verlieren, was den Sowjets ermöglichte, große Teile der Stadt zurückzuerobern. Mit dem nun voll eingebrochenen Winter wurden die Bedingungen in Stalingrad entsetzlich, und die Verluste auf beiden Seiten stiegen. Um den Druck auf die 6. Armee zu verringern und eine Einkesselung zu verhindern, befahl Hitler eine neue Offensive, genannt Operation Wintergewitter. Diese Offensive brachte den Deutschen nichts ein, und das Endergebnis war eine zusätzliche zweimonatige Belagerung, die die Kraft der 6. Armee völlig erschöpfte. Nach mehr als fünf Monaten Kampf unter harten Bedingungen kapitulierten die Achsenmächte in Stalingrad im Februar 1943 – nachdem ihre Munition und Nahrungsmittel aufgebraucht waren. Es war ein großes Desaster für die Deutschen – und eine der größten Niederlagen des Krieges. Interessanterweise war die vernichtende Niederlage in Stalingrad auch die erste große Niederlage des Krieges, die der deutschen Bevölkerung öffentlich bekannt gegeben wurde, das erste Mal, dass die deutsche Regierung unter Hitler eine Niederlage eingestand. Eine interessante Tatsache ist, wie dies geschah: Der deutsche Reichsrundfunk wählte das traurige 2. Adagio aus Anton Bruckners *„Sinfonie Nr. 7 in E-Dur"*, was zur Bedeutsamkeit dieses Verlustes beitrug. Dasselbe düstere Stück wurde knapp drei Jahre später, am 1. Mai 1945, erneut gespielt, als derselbe Radiosender den Tod Adolf Hitlers verkündete. Dennoch sahen die ersten Monate des Jahres 1943 beide Seiten in Vorbereitung auf neue Offensiven. Den Sowjets gelang es, die Deutschen nach Stalingrad weiter zurückzudrängen und dabei einen *Frontbogen* – einen tief in feindliches Gebiet hineinragenden Vorsprung – um die Stadt Kursk zu schaffen. Dies brachte sie in Gefahr einer Einkesselung. Hitler sah darin eine Chance und entwarf einen neuen Angriff mit dem Ziel, den Frontbogen an seiner Basis von Norden und Süden her abzuschnüren und der Sowjetarmee einen entscheidenden Schlag zu versetzen. Die als *Unternehmen Zitadelle* bekannte Operation begann am 5. Juli 1943 – sollte sich aber als kurzlebig erweisen. Mit fast 10.000 eingesetzten Panzern auf beiden Seiten zusammen wurde Kursk zur größten Panzerschlacht der Militärgeschichte – was sie bis heute geblieben ist. In ihr wurden viele neue Panzermodelle ernsthaft erprobt, und das Gefecht wurde zu einer entscheidenden Quelle lebenswichtiger Informationen für die Entwicklung der Panzerkriegsführung. Zu Beginn der Operation gelang es dem nördlichen Teil der deutschen Zange nicht, einen geeigneten Durchbruch zu erzielen und kam ins Stocken. Dies ermöglichte es den Sowjets, eine strategische Gegenoffensive namens *Operation Kutusow* zu beginnen, deren Ziel es war, das Hinterland der nördlichen Zange anzugreifen – und damit sowohl die Möglichkeit einer deutschen Einkesselung zu durchbrechen als auch die nördliche Heeresgruppe zu zerschlagen.

Auch im Süden starteten die Sowjets mächtige Offensiven, die zu einem gewaltigen Panzergefecht führten, der *Schlacht von Prochorowka*. Dieser Zusammenstoß trug maßgeblich dazu bei, dass die Schlacht von Kursk als die größte Panzerschlacht der Militärgeschichte bezeichnet wird. Bei Prochorowka stieß die sowjetische 5. Gardepanzerarmee auf das deutsche II. SS-Panzerkorps in einer groß angelegten strategischen Panzerschlacht. Dies war der klare Beweis für die Überlegenheit der deutschen Panzerung: Mit besserer Bewaffnung und dickerer Panzerung übertrafen die meisten deutschen Panzermodelle die russischen. In Prochorowka setzten die Deutschen etwa 294 Panzer und Panzerjäger ein, während die Russen rund 616 derselben Art hatten. Und dennoch dezimierten die gefürchteten deutschen 88-Millimeter-Panzerkanonen die Massenangriffe der Russen: Ein Verhältnis von einem verlorenen deutschen Panzer pro zehn russischen wurde oft gemeldet. Prochorowka war am Ende ein gescheitertes Gefecht für beide Seiten – die Deutschen errangen einen *taktischen* Sieg und die Sowjets einen *operativen* Sieg. Die Schlacht von Kursk ging weiter.

Am 3. August 1943 waren die Sowjets erneut in Bewegung und eine neue Offensive war im Gange. Es handelte sich um ihre *Operation Polkowodez Rumjanzew*, die sich auf den südlichen Zangenarm der Deutschen konzentrierte. Der deutsche Operationsplan zielte jedoch darauf ab, die Möglichkeit weiterer sowjetischer Offensiven zu schwächen, indem er ihre Streitkräfte durch Abschneiden und Einkreisen der verbliebenen Sowjets bei Kursk schwächte. Dies entsprach auch Hitlers Wunsch, das Image Deutschlands als furchteinflößende Kampfmacht wiederherzustellen und sein Ansehen vor allem bei seinen Achsenverbündeten zu heben. Zudem konnten alle durch Einkreisung gefangenen sowjetischen Soldaten als Arbeitskräfte in der deutschen Industrie eingesetzt werden – ein Konzept, das bereits zuvor genutzt wurde. Doch die Wahrheit ist, dass Hitlers Pläne bei Kursk von Anfang an zum Scheitern verurteilt waren – noch bevor die Operation begann. Dies lag zum Teil daran, dass der britische Geheimdienst – insbesondere die Government Code and Cypher School in Bletchley Park – die Fähigkeit erlangt hatte, viele hochverschlüsselte deutsche Nachrichten abzufangen und zu entschlüsseln. Dies ermöglichte ihnen, von dem geplanten Angriff auf den Kursker Bogen zu erfahren, wertvolle Informationen, die an die Sowjets weitergegeben wurden. Letztere reagierten darauf, indem sie im Frontbogen blieben, sich aber gut und gründlich verschanzten, mit Schwerpunkt auf Panzerhindernissen, die darauf ausgelegt waren, den berüchtigten deutschen Panzer-Vorstoß zu stoppen. Und während die deutschen Streitkräfte mit den Vorbereitungen für den Angriff beschäftigt waren, hatten die Sowjets reichlich Zeit, sich vorzubereiten. So war Kursk von Anfang an eine zum Scheitern verurteilte Operation. Zufälligerweise war es die letzte große strategische Offensive, die die Deutschen im Osten durchführen konnten – ihre schwindende Stärke und die Entwicklungen anderswo in Europa trugen wesentlich zu dieser Tatsache bei. Zur gleichen Zeit, als die Schlacht von Kursk tobte, erhielt Hitler die Nachricht von einer alliierten Invasion Siziliens. Dies kam als schreckliche Neuigkeit und warf einen gewaltigen Knüppel in Hitlers Pläne. Ursprünglich hatte er sich auf die Aussicht auf frische Truppen verlassen, die in Frankreich mit der Ausbildung beschäftigt waren, was ihm erlaubt hätte, seine Streitkräfte an der Ostfront zu verstärken und dort im Kampf zu bleiben. Mit den Alliierten auf Sizilien war Hitler jedoch gezwungen, die frischen Truppen aus Frankreich nun in den Süden umzuleiten, um der neuen Bedrohung zu begegnen. Angesichts all dieser Umstände zog Hitler den Stecker für die Kursk-Offensive – nach nur *einer Woche* Kampf. Er verlegte einen Teil dieser Männer nach Italien, in Erwartung weiterer alliierten Vordringens. Im Wesentlichen waren Operation Zitadelle und Kursk ein absoluter Misserfolg für die Deutschen. Es war das allererste Mal, dass Hitler eine Offensive abbrach, bevor ein merklicher Durchbruch oder ein strategischer Erfolg erzielt wurde. Darüber hinaus bedeutete die gescheiterte Offensive, dass sich die Dynamik an der Ostfront änderte – wobei die Sowjetunion nun die Initiative ergriff. Dies lag größtenteils daran, dass die Sowjetunion über ein enormes, atemberaubendes industrielles Potenzial verfügte: Selbst nach verheerenden Verlusten konnten sie Menschen und Panzer mit großer Geschwindigkeit auffüllen. Dies war bei den Deutschen nicht der Fall, die die Felder um Kursk mit den rauchenden Hüllen ihrer kostbaren Panzer übersät zurückließen – die nicht so leicht ersetzt werden konnten. Diese Tatsache war es, die den Sowjets eine entscheidende strategische Initiative gab: eine, die sie bis zum Ende des Krieges behielten.

Schon bei den allerersten Erwähnungen der Operation Zitadelle wurde Hitler davon abgeraten, sie durchzuführen. Einer der entschiedensten Gegner der Idee von Kursk war einer von Hitlers führenden Generälen und der Mastermind der Panzerkriegsführung –

Heinz Guderian. Nachdem Hitler die Pläne für *Operation Zitadelle* dargelegt hatte, war Guderian entschlossen, ihn von der Durchführung abzubringen. Er äußerte seine Bedenken und erklärte, dass eine solche Operation die deutschen Panzerstreitkräfte dezimieren würde – dieselben, an deren Reform und Wiederaufbau Guderian hart gearbeitet hatte. Guderian war maßgeblich dafür verantwortlich, die fortschrittlichen Panzertaktiken auszuarbeiten, die die deutsche Panzerwaffe zu einer so effektiven Kampftruppe machten. Jetzt aber sagte er zu Hitler, dass Kursk nicht die Art und Weise sei, wie die Panzer eingesetzt werden sollten, und die Grundlage der Operation verletze zwei Drittel der Regeln, die er als wesentlich für einen erfolgreichen Panzerangriff aufgestellt hatte. Es scheint, dass Guderian sah, was Hitler nicht sah: Die deutschen Streitkräfte an der Ostfront waren bereits gefährlich ausgedünnt; Guderian drängte Hitler, sie zu schonen, im Hinblick auf eine zukünftige Verteidigung Westeuropas. Am 10. Mai 1943 traf er sich erneut mit Hitler. Bei diesem Treffen soll er gesagt haben: *„Ist es wirklich notwendig, Kursk anzugreifen, und überhaupt [anzugreifen] im Osten in diesem Jahr? Glauben Sie, dass irgendjemand überhaupt weiß, wo Kursk liegt? Die ganze Welt kümmert es nicht, ob wir Kursk einnehmen oder nicht. Was ist der Grund, der uns zwingt, dieses Jahr bei Kursk anzugreifen, oder noch mehr, an der Ostfront?"* Darauf antwortete Hitler rätselhaft: *„Ich weiß. Der Gedanke daran dreht mir den Magen um."* Guderians einzige Schlussfolgerung auf eine solche Aussage seines Führers war: *„In diesem Fall ist Ihre Reaktion auf das Problem die richtige. Lassen Sie es sein."*

In gewisser Weise ist dies ein großer Einblick in die Eigenschaften Adolf Hitlers als Stratege, Taktiker und militärischer Führer – es scheint, dass er oft aus einer Laune heraus handelte, nach Ruhm strebte und sich an „Träumen" eines glorreichen und übermenschlichen deutschen Sieges in jeder Offensive orientierte, vielleicht angetrieben von der noch frischen Erinnerung an die entscheidenden deutschen Blitzkrieg-Siege in Frankreich, Polen und auf dem Balkan. Kursk war jedoch weder Polen noch Frankreich. Man schrieb das Jahr 1943, und die Gegner begannen, der deutschen Technologie und Strategie ebenbürtig zu werden. Und Hitlers Fehler bei Kursk, seine allzu eifrige Entscheidung anzugreifen, war ein klarer Beweis dafür, wie schnell der Krieg einen modernisierten, fortschrittlichen Charakter annahm. Der Fehler von Kursk war in vielerlei Hinsicht der Wendepunkt für Deutschland im Zweiten Weltkrieg – und zwar ein negativer. Es war eine unnötige Verschwendung von Menschen und Panzern, zu einem unerwünschten Zeitpunkt. Einfach ausgedrückt, war Kursk die Art und Weise, wie Hitler sich übernahm. Es wird von Heinz Guderian in einem seiner Nachkriegswerke perfekt zusammengefasst. Und mit seinem Zitat gehen wir von Kursk zu anderen Ereignissen über, die folgten.

„Mit dem Scheitern von Zitadelle haben wir eine entscheidende Niederlage erlitten. Die Panzerformationen, mit so viel Aufwand reformiert und neu ausgerüstet, hatten sowohl an Menschen als auch an Material schwer verloren und wären nun für lange Zeit nicht mehr einsetzbar. Es war fraglich, ob sie rechtzeitig rehabilitiert werden konnten, um die Ostfront zu verteidigen. Selbstverständlich nutzten die Sowjets ihren Sieg voll aus. Es sollte keine ruhigen Perioden mehr an der Ostfront geben. Von nun an war der Feind im unbestrittenen Besitz der Initiative."

Sturm auf die Festung Europa: Die alliierte Invasion Italiens

Mitte 1943 begann sich die Dynamik des Krieges spürbar umzukehren, wobei die Alliierten weltweit immer mehr die Initiative ergriffen. Nachdem die Achsenmächte in Nordafrika am 13. Mai 1943 kapituliert hatten, richteten die Alliierten nun ihre Aufmerksamkeit auf das europäische Festland. Eine der größeren Operationen begann im Juni desselben Jahres mit dem Beginn der *Combined Bomber Offensive*, kurz CBO, die am 10. Juni startete und praktisch bis zu den letzten Momenten des Krieges andauerte. Dies war eine gemeinsame Anstrengung der Alliierten, um die Lufthoheit über Europa zu erlangen und strategische Bombardements Deutschlands durchzuführen – wodurch der Krieg zum ersten Mal seit seinem Beginn offiziell vor die deutsche Haustür gebracht wurde. Die Bombardierung Deutschlands sollte eine Reihe taktischer Vorteile erzielen, die es schwächen und den Weg für die geplante Invasion Europas über die Normandie ebnen würden. Die Combined Bomber Offensive zielte auf Langstrecken-V-Raketenstellungen, Industriezentren, große Rangierbahnhöfe und Eisenbahnen, Fabriken, Öl- und Petroleumanlagen und eine Vielzahl anderer Ziele ab. Allerdings wurden auch Städte und die Zivilbevölkerung – vielleicht unbeabsichtigt – zu Zielen. Das Ergebnis war ein enormer Verlust an Zivilleben in Deutschland, dessen endgültige Bilanz am Ende des Krieges die Verluste auf vielen Schlachtfeldern und in besetzten Ländern bei weitem übertreffen sollte.

Eine der ersten Aktionen dieser Luftoffensive war zugleich auch die berüchtigtste. Es war die Brandstiftung von Hamburg, damals ein wichtiges deutsches Industriezentrum. Als historische Hansestadt war Hamburg das pulsierende Herz der deutschen Industrie und beherbergte eine Vielzahl von Werften, U-Boot-Bunkern,

Ölraffinerien, Munitionsdepots und anderen Industrieanlagen. Die Alliierten nannten ihre Operation *Gomorrha*, inspiriert vom Bibelzitat: *„Da ließ der Herr Schwefel und Feuer regnen vom Himmel herab auf Sodom und Gomorra." (Genesis 19,24).* Dies war ein passender Titel, da die Bombardierung nicht mit „herkömmlicher" Munition durchgeführt wurde. Stattdessen handelte es sich um Brandbomben, bei denen Brandsätze zum Einsatz kamen. Das Ergebnis war ein katastrophaler Angriff, der die Welt durch seine schiere Brutalität erschütterte. In vielerlei Hinsicht übertraf die Brandstiftung von Hamburg die späteren Atombombenabwürfe auf Hiroshima und Nagasaki in vielen Aspekten. Denn die alliierten Bomber trafen nicht nur die industriellen Ziele – sondern auch alles andere in dieser zweitgrößten deutschen Stadt. Sie wurde gründlich *vernichtet*. Brandbombenangriffe unterschieden sich in vielerlei Hinsicht von den üblichen Angriffen mit Sprengstoff: In diesem Fall verbrannten die Opfer oft bei lebendigem Leib. Im Verlauf der Bombardierung geriet die schiere Verwüstung und die Flammen außer Kontrolle und gipfelten in einem *Feuersturm*. Es entstand ein tornadoartiges Feuer mit höllischen Winden, die Geschwindigkeiten von bis zu 250 Kilometern pro Stunde erreichten, bis zu 300 Meter in die Luft stiegen und Temperaturen von 800 Grad Celsius erreichten. Es war wirklich eine Verwüstung biblischen Ausmaßes – etwas, das die Welt noch nie zuvor gesehen hatte. Es *vernichtete* die Stadt Hamburg in ihrer Gesamtheit und forderte mehr als 58.000 zivile Todesopfer, mit nahezu 200.000 weiteren Verletzten. Das Ereignis wurde später treffend als das *Hiroshima Deutschlands* bezeichnet.

Der Schwung, den die Alliierten gewannen, wurde durch die wachsenden Unruhen in Italien weiter verstärkt: Mussolinis faschistische Utopie begann langsam zu bröckeln. Da der Krieg für die Italiener schrecklich verlief, gerieten der König von Italien und Benito Mussolini aneinander. Äußerst enttäuscht vom katastrophalen Verlauf des Krieges bis zu diesem Zeitpunkt, nahm Mussolini radikale

Änderungen innerhalb der faschistischen Regierung vor und entfernte Schlüsselpersonen, denen er vorwarf, dem König loyaler zu sein als dem faschistischen Regime. Währenddessen wurde König Viktor Emanuel III. zunehmend kritisch gegenüber Mussolinis Kriegsführung und bezeichnete diese neuen Handlungen als feindselig gegenüber dem König. Dies säte große Unzufriedenheit unter den hochrangigen Faschisten, die begannen, Pläne zur Entmachtung Mussolinis zu schmieden und nach einer anderen Pfeife zu tanzen. Diese Intrigen waren der Hauptbeitrag zum späteren Fall des Faschismus in Italien. Diese Pläne, die parallel vom König und den hochrangigen Faschisten geschmiedet wurden, führten am 25. Juli 1943 zur Abstimmung *gegen* Benito Mussolini. Das Ergebnis war seine Verhaftung am selben Tag und seine Gefangenschaft auf der abgelegenen Insel Ponza. Die Auswirkungen dieser Intrige und der Verhaftung waren verheerend und stürzten Italien in eine sichere – und ziemlich chaotische – Niederlage im Krieg.

Am selben Tag erhielt Hitler die Nachricht von der Intrige und der Verhaftung Mussolinis und war von Zorn gepackt. Darüber hinaus wechselte die neu gebildete Regierung Italiens die Seiten und unterzeichnete am 3. September 1943 den *Waffenstillstand von Cassibile*. Dies hinderte die Deutschen jedoch nicht daran, auf eine für sie so typische Weise zu reagieren – blitzschnell und erbarmungslos. Im September desselben Jahres befahl Hitler persönlich eine waghalsige Fallschirmjägermission zur Befreiung Benito Mussolinis aus seiner Gefangenschaft. In einer filmreifen Operation entdeckten Elitekommandos der SS und Fallschirmjäger den Aufenthaltsort des abgesetzten Diktators und retteten ihn in der sogenannten *Operation Eiche*. Unmittelbar danach, beginnend am 8. September, fielen die Deutschen in Italien ein mit dem Ziel, dessen Armee zu entwaffnen: Dies gelang ihnen in Rekordzeit – nur 11 Tage. Über eine Million italienische Soldaten wurden in diesen wenigen Tagen entwaffnet, und das Militär hörte praktisch auf zu existieren. In der Folge wurde der

Großteil Italiens von den Deutschen besetzt und ein Marionettenstaat geschaffen: die Italienische Sozialrepublik (*Repubblica Sociale Italiana, Repubblica di Salò*), eine „zweite Chance" für einen faschistischen Staat unter der Führung Mussolinis. Angesichts der bevorstehenden alliierten Invasion und der Verwirrung, in die Italien gestürzt war, blieb die Nation jedoch bis zum Ende des Krieges tief gespalten und verwüstet. Aber eines war selbst damals offensichtlich: Die Niederlage der Achsenmächte in Nordafrika und die anschließende alliierte Invasion Siziliens waren die letzten Nägel im Sarg des Faschismus – er sollte sich nie wieder davon erholen.

Nach der erfolgreichen alliierten Invasion Siziliens – die zum Sturz des faschistischen Regimes beitrug – konnten die Alliierten ihre Aufmerksamkeit nun auf das italienische Festland richten und endlich die sogenannte Festung Europa richtig angreifen. Da Malta zu Beginn des Krieges gesichert wurde, hatte die britische RAF den perfekten Stützpunkt, um die Lufthoheit zu erlangen. Dies war einer der entscheidenden Faktoren für ihren Sieg bei der Invasion Siziliens 1943. Dies und die geschickte Kombination aus amphibischen Landungen und dem strategischen Einsatz von Panzern durch den US-General Patton waren der Schlüssel zum alliierten Erfolg. Anfang September 1943 begannen die Briten ihre amphibischen Landungen in Italien mit der Operation Baytown. Die Aktion führte jedoch nicht zu einem größeren Zusammenstoß der Streitkräfte – die Deutschen erwarteten den Hauptstoß der Invasion bei Salerno und beschlossen daher, sich weiter ins Landesinnere zurückzuziehen, wobei sie den britischen Vormarsch durch Sabotage und Brückensprengungen verzögerten. Darüber hinaus waren aufgrund des neu verkündeten Waffenstillstands zwischen Italien und den Alliierten – der oben ausführlich erwähnt wurde – die meisten deutschen Truppen in Italien damit beschäftigt, die italienische Armee zu handhaben, sodass eine kleinere Streitmacht als nötig übrig blieb, um sich den Alliierten entgegenzustellen. Am nächsten Tag jedoch begannen die amerikanischen Streitkräfte ihre

Operation Avalanche mit der Landung bei Salerno. Es war der erste
große Zusammenstoß zwischen Deutschen und Amerikanern auf dem
italienischen Festland. In den folgenden Tagen kam es zu schweren
Kämpfen um die Brückenköpfe von Salerno, die aufgrund der
wiederholten Gegenangriffe der Achsenmächte zu großen
amerikanischen Verlusten führten. Am Ende der Operation und nach
Sicherung der Strände setzte die 5. US-Armee jedoch ihren
unerbittlichen Vormarsch auf die wichtige italienische Hafenstadt
Neapel fort. In der Zwischenzeit rückte die britische 8. Armee unter
Montgomery von ihrer anfänglichen Landung am „Zeh" Italiens rasch
vor. General Montgomery traf die kluge und zutreffende Vorhersage,
dass die Operation Baytown im Wesentlichen als Ablenkungsmanöver
scheitern würde – und genau das geschah, wobei die Amerikaner als
Folge auf heftigen Widerstand stießen. Nichtsdestotrotz rückte die
britische 8. Armee über 480 Kilometer (300 Meilen) ins Landesinnere
vor und stieß dabei auf keinen anderen Widerstand als deutsche
Pionierhindernisse, die als Verzögerungsaktion dienten. Schließlich
gelang es ihnen, sich um den 16. September herum in der Nähe der
Adriaküste mit der 1. Luftlandedivision zu vereinen und von dort aus
am 27. September wichtige Flugplätze in der Nähe der Stadt Foggia in
Apulien einzunehmen. Dies war ein wichtiger strategischer Sieg für die
Alliierten – wie es die meisten größeren Flugplatzeroberungen waren:
Es verschaffte ihnen einen entscheidenden Vorteil in der Luft.

Neapel fiel am 1. Oktober 1943, und fünf Tage später wurde der
Volturno erreicht. Dies war ein Meilenstein im bisherigen Vormarsch,
da der Fluss eine natürliche Grenze darstellte und die perfekte
Verteidigungslinie bot, die alle ihre Eroberungen vor Gegenoffensiven
sicherte. Durch weitere britische Vorstöße war der südliche Teil der
italienischen Halbinsel Mitte Oktober 1943 gesichert. Das nächste
Ziel, das sie erwartete, war die *Volturno-Linie*, die bei den Deutschen
auch als Viktor-Linie bekannt war. Dies war die erste (südlichste) in
einer Reihe von vorbereiteten Verteidigungsstellungen, die sich über

die gesamte Halbinsel und bis nach Rom erstreckten. Die Deutschen hatten jedoch nicht die Absicht, ihren Vormarsch an diesem Punkt aufzuhalten. Stattdessen sollte jede neue Verteidigungslinie die eindringenden Alliierten verzögern und zermürben, bis sie die letzte Verteidigungsstellung südlich von Rom erreichen würden. Und dort lag für die Alliierten die erste große Herausforderung in Italien. Der Vormarsch durch die drei südlichsten Verteidigungslinien erwies sich als enorme Aufgabe, genau wie von den verteidigenden Deutschen vorgesehen. Sie waren gut eingegraben, erfahrene Soldaten, und die Alliierten waren in einen langwierigen Zermürbungskrieg verstrickt. Es dauerte bis Mitte Januar 1944, bis sie endlich durch die Volturno-, Barbara- und Bernhardt-Verteidigungslinien durchbrechen und das erste *große* Hindernis erreichen konnten – die vorgelagerte Gustav-Linie. Und hier fand eine der entscheidenden Schlachten des Italienfeldzugs statt – die Schlacht um *Monte Cassino*. Die auf einem Hügelvorsprung thronende historische Abtei von Monte Cassino diente den Achsenmächten als wichtige strategische Festung – und beherrschte die wichtigsten Zugänge zu den Tälern von Rapido und Liri sowie den Zugang nach Rom. Es war der am stärksten befestigte Teil der Gustav-Linie und sollte die Alliierten bei ihren Versuchen, diese Verteidigungsanlagen zu stürmen, viel kosten. Die Schlacht, die von Januar bis Mitte Mai 1944 dauerte, war das entscheidende Gefecht auf dem Weg der Alliierten zur italienischen Hauptstadt. Die Anfangsphase dieser Schlacht war jedoch von großer Verwirrung geprägt. Die deutschen Stellungen in der Abtei selbst waren zu Beginn sehr schwach besetzt – was den Alliierten nicht bekannt war. Einige Stellungen an den Hängen direkt unterhalb waren alles, was zwischen ihr und den Alliierten stand. Aber das sporadische Artilleriefeuer, das von ihrer Richtung ausging, ließ die alliierten Kommandeure darauf schließen, dass sie von den Deutschen als Beobachtungsposten genutzt wurde, was ihnen erlaubte, die alliierten Stellungen mit unheimlicher Präzision zu bestimmen. Dies führte zu dem folgenden erbitterten

Kampf und der Bombardierung dieser historischen Abtei durch die Alliierten. Sie warfen über 1.400 Tonnen hochexplosiver Bomben auf sie ab und reduzierten sie auf eine grausige Hülle, was aber keine nachhaltige Wirkung auf die deutschen Truppen hatte. Stattdessen bildeten die durch die Bombardierung entstandenen Trümmer eine perfekte Grundlage für Befestigungen und wurden von deutschen Fallschirmjägern besetzt – sie gruben sich ein und errichteten einen perfekten Verteidigungsring. Innerhalb von ein paar Monaten wurden diese Stellungen – und der Rest der Gustav-Linie – viermal von den Alliierten angegriffen. Jedes Mal war der Erfolg unterschiedlich, und Monte Cassino hielt stand. Die Schlacht war ein reiner Kampf und eine Verwüstung im zerklüfteten Gelände auf dem Hügel und in den Trümmern der ehemaligen Abtei. Dennoch zahlte sich die Ausdauer der Alliierten aus – am 16. Mai 1944 waren es die Männer des polnischen 2. Korps im britischen Dienst, die den letzten Angriff auf Monte Cassino starteten. Am 18. Mai fiel es. Es war ein Sieg für die Alliierten – aber zu einem hohen Preis. Der Angriff auf die stark befestigten Stellungen führte zu über 55.000 alliierten Verlusten, während die Deutschen nur 20.000 Tote und Verwundete zu beklagen hatten.

Der grimmige Stahl: Gepanzerte Kriegsführung im Zweiten Weltkrieg und ihre Entwicklung

Als eine der revolutionären Entwicklungen des Ersten Weltkriegs fand der *Panzer* seinen wahren Platz im modernen Szenario des Zweiten Weltkriegs. Die Erfahrungen der vorangegangenen Jahrzehnte ermöglichten es Panzerkonstrukteuren, das Konzept zu erforschen und neue, fortschrittliche Designs zu entwickeln, von denen einige die Art der Kriegsführung grundlegend verändern sollten. Neue Doktrinen wurden entwickelt, und die Rolle des Panzers als gepanzertes Kampffahrzeug wurde für verschiedene Aufgaben angepasst. Zu Beginn des Zweiten Weltkriegs prahlten fast alle Kombattanten mit eigenen Entwürfen – einige gut, andere schlecht. Zweifellos lag Deutschland mit seinen überlegenen Designs vorn, die erfolgreich ausreichenden Panzerschutz, gute Bewaffnung und ein gutes Besatzungslayout kombinierten. Um dieses Gleichgewicht zu erreichen, opferten sie jedoch die Anzahl der produzierten Fahrzeuge. Hier wurden sie vom industriellen Riesen Sowjetunion in den Schatten gestellt, dessen Panzer sowohl gute Fähigkeiten als auch eine unerreichte Überlegenheit in der Anzahl aufwiesen. Im Laufe des Krieges wurde der Panzer zu einem entscheidenden Faktor in zahlreichen Feldzügen und Schlachten, und ständig wurden neue Modelle eingeführt, verbessert und ausgemustert. In diesem Kapitel werden wir einige der erfolgreichsten Designs des Krieges behandeln, von denen viele zu einem ikonischen Symbol dieser historischen Epoche geworden sind.

Die Erfahrungen im Großen Krieg zeigten den wahren Wert eines vollständig geschlossenen, bewaffneten und gepanzerten Kampffahrzeugs. Obwohl es ursprünglich mit der Absicht entworfen wurde, die Verluste bei Masseninfanteriestürmen zu minimieren und

Gräben sowie Stacheldrahthindernisse zu überqueren, zeigte der Panzer eine viel breitere Palette von Möglichkeiten. Die erste und wichtigste war die *Angst*. Das Herannahen einer riesigen, undurchdringlichen und unaufhaltsamen Stahlmaschine war für den gewöhnlichen Infanteristen des Großen Krieges etwas Neues und Unerwartetes. Ohne angemessene Panzerabwehrfähigkeiten flüchtete der einfache Soldat oft angesichts einer herannahenden Panzerformation – da er keine brauchbare Möglichkeit hatte, dagegen zu kämpfen. Eine weitere Neuheit, die das Konzept des Panzers einführte, war die Fähigkeit zu schnellen, beweglichen und heftigen Schlägen auf wichtige strategische Positionen. Mit der Entwicklung leichterer und schnellerer Panzerdesigns stieg auch ihr strategischer Wert. Die Fähigkeit, Lücken auszunutzen und schwache Verteidigungspunkte zu stürmen, war ein großer Vorteil. Und so geschah es, dass sich in den Nachkriegsjahren alle großen Mächte eifrig mit der Entwicklung von Panzerkonzepten beschäftigten, die die Militärindustrie und die Methoden der zukünftigen Kriegsführung neu definieren sollten.

Während das frühe Panzerdesign langsam, anfällig für mechanische Pannen und in der Reichweite begrenzt war, beseitigten die Panzer der frühen und späten 1930er Jahre diese Probleme weitgehend. In den Vereinigten Staaten stach Walter Christie als einer der führenden Panzerkonstrukteure seiner Zeit hervor, dessen Innovationen viele der später entstehenden Panzer prägten. Seine einzigartige Christie-Aufhängung war ein revolutionärer Durchbruch im Panzerdesign und ermöglichte es diesen Fahrzeugen, Geländehindernisse mit viel höheren Geschwindigkeiten zu bewältigen. Beginnend mit frühen Konzeptentwürfen im Jahr 1928 und in den folgenden Jahren wurde seine Innovation ein großer Erfolg. Sie wurde von vielen Großmächten in Lizenz hergestellt, von denen einige das Design später aufgaben, während andere sich hauptsächlich darauf verließen. Die Sowjetunion beispielsweise setzte anfangs ausschließlich auf die Christie-Aufhängung. Ihre BT-Panzer waren leicht, extrem schnell und für die damalige Zeit gut bewaffnet.

Im Vereinigten Königreich war die Panzerdoktrin etwas anders als in anderen Ländern und zeichnete sich durch eine spezifische Klassifizierung der vorgesehenen Rollen aus. Die Briten unterteilten ihre Designs in mehrere Zweige: Die *Cruiser*-Panzer sollten leicht und wendig sein, konzipiert um das Schlachtfeld zu „durchkreuzen", Lücken auszunutzen und schnelle Flankenangriffe durchzuführen. Die *Infanterie*-Panzer hingegen waren darauf ausgelegt, schwer gepanzert zu sein, wofür die Geschwindigkeit geopfert wurde. Oft mit großkalibrigen Haubitzen und HE-Munition ausgestattet, sollten sie dem Tempo der Infanterie angepasst sein und kritische Unterstützung bei deren Angriffen bieten. Einer der führenden Panzerkonstrukteure in Großbritannien war das Unternehmen Vickers-Armstrongs, dessen Innovationen auf diesem Gebiet zu zuverlässigen Panzerkonzepten führten. Eines davon war der Vickers 6-Tonner, ein ausgewogenes Panzerdesign, das vielen Nationen weltweit eine brauchbare und schlagkräftige Kampfwaffe bot. Er wurde anschließend stark weiterentwickelt und brachte bemerkenswerte Fahrzeuge des frühen Krieges hervor, wie den sowjetischen T-26. Carden Loyd war ein weiteres einflussreiches Panzerkonstrukteurs-Duo aus Großbritannien. Ihr Hauptaugenmerk lag auf Tanketten – leichten, kleinen und wendigen Panzern, die für eine Vielzahl grundlegender Aufgaben geeignet waren. Die Carden-Loyd-Tankette wurde ein großer Erfolg und diente als Basismodell für viele nachfolgende Panzerdesigns weltweit. Der Universal Carrier ist eines der bekanntesten Derivate dieses Konzepts.

Überraschenderweise spielte auch die Tschechoslowakei eine große Rolle in der Geschichte des Panzerdesigns. Ihre Vorkriegsjahre waren von einem riesigen Erfolg beim Entwerfen von Tanketten und leichten Panzern geprägt, wobei eine Reihe zuverlässiger Prototypen entwickelt wurde. Diese Panzer wurden hauptsächlich von ČKD, Škoda und

Praga entworfen und produziert und gehörten zu den besten Designs in Europa. Nachdem sie jedoch in deutsche Hände gefallen waren, wurden diese Unternehmen zur Produktion ihrer Modelle für die deutsche Armee eingesetzt – ihre hochzuverlässigen Designs wie der ČKD Lt. vz. 38, ein Vier-Mann-Leichtpanzer, wurde zum Hauptbestandteil des deutschen Panzerkorps im frühen Krieg. Im Großen Krieg wurde der französische Renault FT zum prägenden Panzerdesign für alle zukünftigen Konzepte. Im Zweiten Weltkrieg mangelte es ihren Panzerentwürfen jedoch merklich an Qualität im Vergleich zu all ihren Nachbarn. Die französische Panzerindustrie war durch zahlreiche unorthodoxe Merkmale gekennzeichnet, wie die Betonung von Zwei-Mann-Panzern, kostengünstige Lösungen und schwere Konstruktionen aus Gussstahl. Sie waren auch durch konkurrierende Hersteller eingeschränkt, von denen jeder ein anderes und unzuverlässiges Design anbot, was die Situation nicht verbesserte. Renault, Hotchkiss, FCM, SOMUA, AMX, FAMH, APX und andere wetteiferten darum, das perfekte Panzerdesign für Frankreich zu finden. Das Endergebnis war weit von perfekt entfernt, aber dennoch verfügte Frankreich zu Kriegsbeginn über eine der größten Panzerarmeen. Und während nur wenige der vielen Designs für eine effektive Rolle im Kampf geeignet waren, waren die meisten anfällig für mechanische Ausfälle, entweder zu klein oder zu groß und verließen sich auf einige unorthodoxe Designmerkmale.

Zweifellos hatte Deutschland zu dieser Zeit eine der besten Panzerarmeen der Welt. Beginnend mit geheimen Entwürfen und begrenzter Produktion, die sie schnell mit zuverlässigen Innovationen erweiterten, gelang es den Deutschen, in vielen ihrer einflussreichen Designs ein perfektes Gleichgewicht zu erreichen. Unter der Führung von Unternehmen wie Alkett, MAN, Krupp, Daimler-Benz, Rheinmetall-Borsig und anderen gelang es ihnen, einige der beliebten Designs in Europa zu verfeinern und eigene einzigartige Konzepte zu entwickeln. Während sie sich zu Beginn des Krieges auf erbeutete tschechische Panzer verließen, ersetzten sie diese schnell durch ihre eigenen erfolgreichen Konstruktionen. Das zuverlässige Fahrgestell und die Aufhängung ihres leichten Panzer III dienten als Grundlage für neue Konzepte – das Sturmgeschütz war anfangs ein unverzichtbares Instrument zur Unterstützung der Infanterie und später die wichtigste Panzerabwehrwaffe des Krieges. Im Laufe des Krieges kamen neue Designs an die Front. Die Deutschen rühmten sich der besten Panzerabwehrwaffen im Einsatz, wie der 7,5 cm KwK 40 und der gefürchteten 8,8 cm KwK 36, sowie moderner, zuverlässiger Lösungen in jeder Hinsicht. Sie perfektionierten die Rolle der „Panzerjäger", mobile und gut bewaffnete Kampffahrzeuge mit einem großkalibrigen Geschütz in einer festen Kasematte. Dieses Design war die Hauptbedrohung für den konventionellen Panzer. Darüber hinaus setzten die Deutschen auf den Einsatz dicker Panzerung – ihr ikonisches Tiger-I-Design war eine Zeit lang der Schrecken jedes feindlichen Panzers auf dem Schlachtfeld.

Zweifellos wurde der Panzer zur ikonischen neuen Waffe des Zweiten Weltkriegs. Erfolgreiche Designs wurden kontinuierlich entwickelt, und Merkmale wurden verbessert, bis sie gegen Ende des Krieges perfekt wurden. Einige setzten auf Anzahl, andere auf Panzerung, während manche mit großer Feuerkraft prahlten. Die erfolgreichsten jedoch kombinierten alle Eigenschaften zu einer einzigen, mächtigen Tötungswaffe. Es ist oft faszinierend, wie weit sich das Design des Panzers in so kurzer Zeit entwickelt hat. Von den späten 1930er Jahren bis 1945 entwickelte sich das grundlegende Konzept über den ursprünglichen Rahmen hinaus – und übertraf die Träume all jener, die seine Grundlagen gelegt hatten. Und in den Jahrzehnten nach dem Krieg blieben Panzer weiterhin das Rückgrat jeder modernen Armee der Welt.

Der Anfang vom Ende: Die Invasion Westeuropas

Mitte 1944 erreichte der alliierte Druck schließlich einen Höhepunkt. Da die Idee einer Invasion Westeuropas schon seit 1942 in Arbeit war und stets durch die sowjetischen Bitten um eine zweite Front vorangetrieben wurde, begaben sich die Alliierten endlich auf diesen historischen Kreuzzug, um das Kriegsgeschehen endgültig zu wenden. Was folgte, war eine der gefeiertsten Operationen der Militärgeschichte, eine strategische Operation von massivem Ausmaß, die den letzten Vorstoß nach Deutschland mit nur einem Ziel einleitete - den Krieg zu beenden. Vielen als *D-Day* und *Operation Overlord* bekannt, war die Invasion Westeuropas die größte amphibische Invasion der Weltgeschichte. Die Planungen begannen 1943, wobei mehrere mögliche Landepunkte in Betracht gezogen wurden: die Bretagne, die Normandie, Pas-de-Calais und die Halbinsel Cotentin. Nach sorgfältiger Überlegung erwies sich die Normandie jedoch als die strategisch sinnvollste Lösung. Die darauf folgende Operation Overlord wurde dann in mehrere operative Phasen unterteilt. Am Anfang standen die amphibischen Landungen - aufgeteilt auf mehrere Strände sollten die amerikanischen, britischen und kanadischen Streitkräfte anlanden, um einen wichtigen Brückenkopf zu sichern, von dem aus weitere Operationen durchgeführt werden sollten. Dabei setzten die Alliierten erneut auf Luftüberlegenheit - die Dominanz in der Luft zu gewinnen war entscheidend, um die Bodentruppen zu schützen und die deutschen Nachschublinien zu stören. Darüber hinaus verließen sich die Alliierten auf ausgeklügelte und weitreichende Täuschungsmanöver, um den Deutschen falsche Informationen zu geben und sie zu überraschen, wenn der Tag der Invasion schließlich kam. Außerdem setzten die Alliierten in erheblichem Umfang auf Fallschirmjäger. Sie sollten vor den

Landungen im feindlichen Gebiet abspringen, um wichtige Brücken in der Nähe der Landezonen zu sichern und eine klare Vormarschlinie zu schaffen. Dies zeugte von der Komplexität der Operation Overlord und ihren Kosten an Mensch und Material. Der Erfolg des Angriffs hing jedoch von einer weiteren Sache ab - dem Wetter. Den richtigen Moment für den Angriff zu wählen, war entscheidend für den Ausgang. Nach vielen Überlegungen und Beobachtungen der Bedingungen einigte man sich darauf, dass der 5. Juni 1944 der ideale Angriffstermin sein sollte. Allerdings waren die Wetterbedingungen zum Zeitpunkt der Invasion am 4. Juni äußerst ungünstig, mit hohem Seegang und starken Winden. Dies verschob die Invasion auf den 6. Juni.

Zu den bekanntesten Aspekten der Operation Overlord gehörten sicherlich die Luftlandeoperationen der amerikanischen Fallschirmjäger - von denen viele symbolisch für die Invasion Westeuropas werden sollten. Darüber hinaus waren die Fallschirmjägereinsätze am D-Day entscheidend für deren Erfolg. Diese Elitesoldaten, die im feindlichen Gebiet operierten, hatten eine Vielzahl von Aufgaben, die alle dazu beitragen sollten, die Möglichkeit feindlicher Gegenangriffe zu minimieren, wichtige strategische Ziele zu erobern und das Gebiet der Brückenköpfe durch Angriffe auf die deutschen Verteidigungsanlagen von hinten zu erweitern. Die mit Abstand bekanntesten aller an der Operation beteiligten Fallschirmjäger waren die amerikanischen Soldaten der 101. Luftlandedivision, deren Tapferkeit und Taten oft in den Medien dargestellt wurden. Noch ikonischer ist die Kriegsbemalung dieser Soldaten - sie zogen mit Fallschirmjägerausrüstung in den Kampf, ihre Köpfe im Stil der Mohawk-Indianer rasiert und ihre Gesichter mit bunten Farben bemalt.

Bevor die Invasion am 6. Juni begann, war die Atmosphäre in den Truppentransportern, die den Ärmelkanal überquerten, zweifellos angespannt und voller Erwartung. Sie wurde auch durch eine

historische Ansprache an die Soldaten verewigt, die vom Obersten
Befehlshaber der Alliierten Expeditionsstreitkräfte in Europa, Dwight
Eisenhower, verfasst wurde. Der Inhalt dieses Briefes wurde zu einem
Symbol der Hoffnung und hob die Moral der alliierten Soldaten, die
ihrem unbekannten Schicksal entgegensahen. Und er sollte seitdem in
die Geschichtsbücher eingehen.

*„Soldaten, Matrosen und Flieger der Alliierten
Expeditionsstreitkräfte! Ihr steht im Begriff, den Großen Kreuzzug zu
beginnen, auf den wir in den vielen vergangenen Monaten hingearbeitet
haben. Die Augen der Welt sind auf euch gerichtet. Die Hoffnungen und
Gebete freiheitsliebender Menschen überall begleiten euch. Gemeinsam
mit unseren tapferen Verbündeten und Waffenbrüdern an anderen
Fronten werdet ihr die Zerstörung der deutschen Kriegsmaschinerie, die
Beseitigung der Nazi-Tyrannei über die unterdrückten Völker Europas
und Sicherheit für uns selbst in einer freien Welt herbeiführen. Eure
Aufgabe wird nicht leicht sein. Euer Feind ist gut ausgebildet, gut
ausgerüstet und kampferprobt. Er wird erbittert kämpfen. Aber dies ist
das Jahr 1944! Vieles hat sich seit den Nazi-Triumphen von 1940-41
ereignet. Die Vereinten Nationen haben den Deutschen große
Niederlagen zugefügt, in offener Schlacht, Mann gegen Mann. Unsere
Luftoffensive hat ihre Stärke in der Luft und ihre Fähigkeit, am Boden
Krieg zu führen, ernsthaft reduziert. Unsere Heimatfronten haben uns
eine überwältigende Überlegenheit an Waffen und Kriegsmaterial
gegeben und große Reserven an ausgebildeten Kämpfern zur Verfügung
gestellt. Die Flut hat sich gewendet! Die freien Menschen der Welt
marschieren gemeinsam zum Sieg! Ich habe volles Vertrauen in euren
Mut, eure Pflichterfüllung und eure Kampfkraft. Wir werden nichts
Geringeres als den vollen Sieg akzeptieren! Viel Glück! Und lasst uns
alle den Segen des Allmächtigen Gottes für dieses große und edle
Unternehmen erflehen."*

Am 6. Juni sollten die Amerikaner an den Stränden mit den
Codenamen Utah und Omaha landen, mit der 4. Infanteriedivision

bzw. der 1. und 29. Infanteriedivision. Die britische 50. Infanteriedivision sollte in Gold landen und die 3. Infanterie- und 6. Luftlandedivision in Sword. Die kanadische 3. Infanteriedivision sollte in Juno landen. Am Utah Beach landeten die amerikanischen Soldaten nicht an der vereinbarten Position – die starken Strömungen verschoben ihre Landung weiter nach Süden. Dies erwies sich jedoch zufällig als idealere Lösung. Die Soldaten gingen in Wellen an Land, wobei der Infanterieangriff von der Landung der Panzer gefolgt wurde und danach die Pionier- und Sprengkommandos, die mit der Beseitigung eines dichten Netzes von Hindernissen beauftragt waren. Bis Mittag war der Hauptwiderstand in diesem Sektor ausgeschaltet, und die große Mehrheit der Truppen landete sicher – etwa 21.000 Mann. Es gab insgesamt 197 Opfer in Utah. Am Omaha Beach machte man jedoch andere Erfahrungen, da dieser am stärksten verteidigt war. Die der Invasion vorausgehende Luftbombardierung hatte in diesem Sektor wenig Wirkung, was die deutschen Verteidigungsanlagen weitgehend intakt ließ. Außerdem erwarteten die Amerikaner nicht, einer ganzen Division gegenüberzustehen, sondern lediglich einem Regiment. Die darauf folgende Landung in Omaha war daher eine Katastrophe. Starke Strömungen brachten die Landungsboote vom Kurs ab, und viele von ihnen blieben auf erhöhten Sandbänken stecken, als sie sich dem Ufer näherten – alles unter schwerem feindlichen Beschuss. Die Deutschen ließen von ihren Stellungen oberhalb Artillerie- und Maschinengewehrfeuer auf sie niederregnen. Die Männer aus den festsitzenden Booten waren gezwungen, in halstiefem kaltem Wasser von Bord zu gehen und dann 100 Meter zu waten, um den Strand zu erreichen. Belastet durch ihre schwere Ausrüstung und unter ständigem Beschuss verloren jedoch viele bei diesem Versuch ihr Leben. Zahlreiche Strandhindernisse verhinderten, dass die amerikanischen Panzer effektiv an Land kommen konnten, und das Räumen der Hindernisse war aufgrund des schweren feindlichen Feuers nahezu unmöglich. Erst am Mittag dieses Tages gelang es den

Amerikanern, einige nennenswerte Fortschritte zu erzielen, hauptsächlich aufgrund der Tatsache, dass die Deutschen durch Artilleriefeuer von amerikanischen Zerstörern vor der Küste unterdrückt wurden und ihnen die Munition ausging. Dennoch wurden die Ziele für Omaha Beach erst 3 Tage später vollständig erreicht. Die Landung hier war eine kostspielige Angelegenheit und einer der grausamsten Momente für die amerikanischen Männer – sie hatten 2.000 Opfer zu beklagen.

Ebenso waren die Landungen an den Stränden Gold, Juno und Sword mit hohen Verlusten verbunden – wenn auch nicht so hoch wie in Omaha. In Gold verloren die Briten etwa 1.000 Mann und in Sword die gleiche Anzahl. Die Kanadier in Juno erlitten etwa 960 Verluste.

Diese Landungen waren gekennzeichnet durch langwierige Kämpfe um eine Reihe von Stützpunkten sowie den umfangreichen Einsatz der sogenannten Hobart's Funnies. Dabei handelte es sich um einzigartige, spezialisierte Panzerdesigns, die für eine Vielzahl von Aufgaben angepasst wurden, von denen viele für eine amphibische Landung geeignet waren. Die sogenannten DD-Panzer waren die wichtigsten davon – ein Design, das es ihnen ermöglichte, tiefes Wasser zu durchqueren und praktisch an Land zu segeln, um effektiv zu kämpfen. Andere Designs umfassten den Churchill Crocodile Flammenwerfer-Panzer, die Brückenleger-Designs, die hochkalibrigen AVRE-Panzer zum Knacken von Bunkern und so weiter. Sie waren entscheidend für die Unterstützung der Truppen an Land.

Dennoch waren die Landungen in der Normandie anfangs kein vollständiger Erfolg. Die Mehrheit der vorab festgelegten Ziele wurde nicht erreicht, und wichtige Ziele – wie die Städte St. Lo, Bayeux, Caen und Carentan – blieben alle unerobert. Erst am 21. Juli, 15 Tage später, wurde die Großstadt Caen eingenommen. Dennoch gelang es den Alliierten mit den Landungen in der Normandie, einen wichtigen Brückenkopf zu gewinnen – eine „Operationsbasis", von der aus sie in der folgenden Zeit schrittweise ihre Kontrolle ausweiten und ins Landesinnere vordringen konnten.

Andernorts erlitten die Deutschen in dieser Zeit weitere Rückschläge. In Deutschland kam es mit der *Operation Walküre* zum Verrat von Hitlers engsten Offizieren – die seine Ermordung planten. Dies führte zu dem gescheiterten Attentat auf sein Leben, als in seinem Hauptquartier Wolfsschanze eine Bombe platziert wurde: Die Explosion fügte ihm fast keinen Schaden zu und diente nur dazu, ihn stark zu erzürnen und ihm die Gelegenheit zu geben, seine Reihen von verdächtigen Personen zu säubern. Darüber hinaus erlebte der Sommer 1944 den Ausbruch des Warschauer Aufstands, 63 Tage erbitterter Kämpfe in der Stadt Warschau im besetzten Polen, angeführt vom polnischen Widerstand. Am Ende errangen die Deutschen den Sieg, aber es war einer der größten Rückschläge und trug weiter zu ihrem späteren Zusammenbruch im Osten bei. Dieser Zusammenbruch wurde durch eine Reihe sowjetischer Offensiven an der Ostfront beschleunigt, von denen die Operation Bagration wohl die größte war, die die deutsche Heeresgruppe Mitte fast vollständig vernichtete. Die Operation Bagration war eine Offensive von massivem Ausmaß, die jede andere Operation während des Krieges in den Schatten stellte – mit mehr als 2,3 Millionen eingesetzten Männern war es die größte Offensive, die die Alliierten bis zu diesem Zeitpunkt durchgeführt hatten. Und es beweist auch, dass die Sowjets über eine nahezu unerschöpfliche Quelle an Arbeitskräften verfügten.

Seit der legendären Operation Barbarossa war die deutsche Heeresgruppe Mitte eine der schlagkräftigsten Kampfverbände an der Ostfront – und der größte Dorn im Auge der deutschen Generäle. Die Operation Bagration sollte jedoch der Hammer sein, der diese Bedrohung ein für alle Mal zerschmettern würde. Sie war die entscheidende Offensive des Sommers 1944 und ein fürchterlicher Schlag für die bereits geschwächten deutschen Streitkräfte im Osten. Einmal mehr verließen sich die Sowjets vor allem auf ihre zahlenmäßige Überlegenheit. Für Bagration stellten sie etwa 2,5 Millionen Mann, 6.000 Panzer und 8.000 Flugzeuge ins Feld – eine bis dahin nie dagewesene Streitmacht. Im Vergleich dazu zählte die deutsche Heeresgruppe Mitte, die ihnen gegenüberstand, nur etwas mehr als eine Million Mann und verfügte über etwa 1.330 Panzer und Sturmgeschütze sowie rund 1.000 Flugzeuge. Obwohl die Sowjets erneut ihre Taktik der tiefen Schlacht anwandten, fügten sie diesmal eine weitere Dimension hinzu, die ihnen half, die Deutschen zu überraschen. Um den 19. Juni 1944 herum führten die überwiegend belarussischen Partisanen eine Reihe von Sabotageaktionen tief hinter den feindlichen Linien durch, die die deutschen Nachschublinien und Kommunikation beeinträchtigten. Diesen vorbereitenden Aktionen folgten in den darauffolgenden Tagen umfangreiche sowjetische Luftangriffe. Und danach begann Bagration. Es ist wichtig zu erwähnen, dass die Sowjets interessanterweise den Jahrestag der deutschen Operation Barbarossa für den Beginn ihres Angriffs wählten. Die Operation begann am 23. Juni unter dem Schutz der Dunkelheit und traf die Deutschen völlig überraschend. Die Hauptziele der Sowjets lagen in Weißrussland, mit dem Ziel, die Hauptelemente der deutschen Armee einzukesseln. Nur fünf Tage später waren die 3. Panzerarmee, die 9. und die 4. Armee vernichtet. Die sowjetische Taktik setzte auf massenhafte Speerspitzenangriffe über eine breite Front – an vielen verschiedenen Stellen. Dies ermöglichte die Umsetzung der Strategie der *tiefen Schlacht*, die ihnen half, sich schnell zu bewegen und feindliche Einheiten hinter sich zu isolieren. Dies zeigte sich perfekt, als die Sowjets am 3. Juli 1944 Minsk einnahmen und über 100.000 deutsche Soldaten in der Einkesselung gefangen nahmen. Es gab jedoch noch eine weitere wichtige Strategie, die von den Sowjets eingesetzt wurde und wie ein Zauber wirkte. Sie war als *Maskirowka* (in etwa „Tarnung") bekannt und war ein ausgeklügeltes Täuschungssystem. In den Tagen vor der Operation streuten sie falsche Informationen, die alle darauf hindeuteten, dass die Offensive im Süden – gegen die Ukraine und die Heeresgruppe Süd – gerichtet war. Und das deutsche Oberkommando glaubte diesen Täuschungen voll und ganz, so sehr sogar, dass es weitere Panzer aus seinen Reserven in die Nordukraine schickte. Die Einkesselung der deutschen Armee um Minsk und ihre Gefangennahme am 4. Juli beendeten effektiv die deutsche Militärpräsenz in Belarus und ermöglichten den Sowjets weitere Vorstöße in Richtung Polen, Litauen und Rumänien. Dies erlaubte ihnen, Ende Juli eine weitere entscheidende Offensive zu starten, bekannt als *Lwiw-Sandomierz-Offensive*, die die deutsche Armee aus Ostpolen verdrängte. Am 19. August war Bagration vorbei, und die Sowjets hatten einen wichtigen Brückenkopf in Ostpolen gewonnen. Die Heftigkeit und Schnelligkeit dieser Offensive sowie die schiere Menge der eingesetzten sowjetischen Truppen erzwangen einen raschen Zusammenbruch der deutschen Heeresgruppe Mitte und damit den fast vollständigen Zusammenbruch der Ostfront, wie man sie kannte.

Eine Brücke zu weit: Operation Market Garden

Nach den ersten Operationen in Frankreich, nach der Landung in der Normandie, war die Zeit für eine neue Offensive in Westeuropa gekommen. Diesmal handelte es sich um die sogenannte *Operation Market Garden*, die vom verehrten Feldmarschall Bernard Montgomery – Großbritanniens gefeiertem militärischem Mastermind – genial erdacht wurde. Market Garden, die zwischen dem 17. und 25. September 1944 stattfand, war jedoch ein operativer Misserfolg für die Alliierten. Dennoch war es eine entscheidende Operation in den späteren Phasen des Krieges in Westeuropa und bewies, dass die deutschen Soldaten selbst angesichts der drohenden Niederlage immer noch eine furchteinflößende Kampftruppe waren. Nach einer Reihe kritischer Niederlagen nach der Landung in der Normandie befanden sich die Deutschen auf einem raschen Rückzug aus Frankreich in Richtung der deutschen Grenze. Die wohl wichtigste dieser Niederlagen war der *Kessel von Falaise*. In diesem entscheidenden Gefecht der Normandie-Kampagne gelang es den Alliierten, die deutsche Heeresgruppe B sowie die 7. Armee und die 5. Panzerarmee einzukesseln und ihnen schreckliche Verluste zuzufügen, als die verzweifelten Deutschen versuchten, durch die von ihnen offen gehaltene Lücke von Falaise aus der Umzingelung zu fliehen. Das Ergebnis war völlige Verwüstung – 10.000 deutsche Soldaten wurden getötet, während über 50.000 gefangen genommen wurden. Und nun versuchte Montgomery, in die Niederlande einzudringen und einen tiefen Keil weit in deutsches Gebiet vorzutreiben. Dadurch sollte ein Brückenkopf über den Rhein errichtet werden – was zu einem wichtigen Weg für die Invasion Norddeutschlands führen würde. Dieser Plan war taktisch solide und wurde sowohl vom britischen Premierminister Winston Churchill als auch vom amerikanischen

Präsidenten Franklin D. Roosevelt unterstützt. Doch während er auf dem Papier vernünftig war, liefen die Dinge im Feld nicht wie geplant – wie es bei allen militärischen Operationen möglich ist.

Um ihr Ziel zu erreichen, den Keil zu bilden und den Rhein zu erreichen, mussten die Alliierten schnell *neun* Schlüsselbrücken in feindlichem Gebiet einnehmen – unter Einsatz ihrer Luftlandetruppen. Sobald diese Brücken erobert waren, konnte die Infanterie vorrücken. So bildete die First Allied Airborne Army, eine am 2. August 1944 frisch gegründete Formation, das Rückgrat von Market Garden. Zu Land wurde das XXX. Korps der britischen Zweiten Armee eingesetzt. Es war bis zu diesem Zeitpunkt die größte Luftlandeoperation des gesamten Krieges. Und obwohl sie etwa 8 Tage dauerte und mit dem Scheitern der Zielerreichung endete, brachte Market Garden den Alliierten dennoch einige Gewinne. Der wichtigste davon war die Befreiung zahlreicher Städte in den Niederlanden, darunter die beiden Großstädte Nijmegen und Eindhoven. Die Alliierten drangen auch tief in deutsches Gebiet ein und schufen einen 97 Kilometer tiefen Keil. Dennoch gelang es ihnen nicht, ihr Hauptziel zu erreichen – die Überquerung des Rheins. Und damit wurde ihr Ziel, den Krieg bis Weihnachten 1944 zu beenden, unerreichbar. Wie erwähnt, war dies eine der größten Luftlandeoperationen aller Zeiten, bei der die Alliierten neue, bahnbrechende Luftfahrttechnologien einsetzten, deren wichtigste der Einsatz von Segelflugzeugen war. Ihr Hauptmerkmal war die Vielseitigkeit, und sie ermöglichten den Einsatz an Orten in feindlichem Gebiet. Das Ziel dieser Luftlandetruppen war, wie erwähnt, die Sicherung von neun Hauptbrücken auf dem Weg zum Rhein. Dies waren die drei Hauptbrücken über die Flüsse Maas, Niederrhein und Waal sowie sechs weitere Brücken über Kanäle und kleine Nebenflüsse. Der andere Zweig der Operation war den Bodentruppen vorbehalten. Das XXX. Korps wurde von rund 5.000 Fahrzeugen begleitet – viele davon waren Panzer. Die ersten

Operationen von Market Garden erzielten gemischte Ergebnisse – eine Reihe von Brücken wurde früh eingenommen, aber den Luftlandetruppen gelang es dann nicht, weitere Ziele zu erreichen. Dies verursachte eine erhebliche Verzögerung beim Vormarsch des XXX. Korps. Weitere Verzögerungen wiederholten sich – der amerikanischen 82. Luftlandedivision gelang es nicht, eine entscheidende Brücke über den Fluss Waal vor dem festgesetzten Datum des 20. September einzunehmen, sodass das XXX. Korps selbst darum kämpfen musste. In der Zwischenzeit hielten die britischen Fallschirmjäger in einem verzweifelten Kampf an der Arnheimer Brücke aus – das XXX. Korps sollte ihnen zu Hilfe kommen, wurde aber stattdessen bei den Waal-Übergängen aufgehalten. Vom 17. bis zum 26. September entbrannte die Schlacht von Arnheim an der Spitze der Operation. Sie erwies sich als das verheerendste Gefecht von Market Garden und stellte die alliierten Luftlandetruppen vor eine schwere Prüfung, wobei viele Verluste zu beklagen waren. Sowohl in Arnheim als auch in der Umgebung – in Oosterbeek – konzentrierten sich die Kämpfe auf erbitterte Häuserkämpfe, die die niederländischen Dörfer verwüsteten und auch zivile Opfer forderten. Die Arnheimer Brücke wurde zwar früh eingenommen, war aber heftigen Angriffen und dem Druck der Deutschen ausgesetzt, gegen die sich die kleine Abteilung britischer Fallschirmjäger verzweifelt zur Wehr setzte. Aufgrund der frühen Verzögerungen des XXX. Korps konnten sie jedoch nicht rechtzeitig entsetzt werden und kapitulierten schließlich am 21. September. Letztendlich wurde klar, dass Market Garden ein operativer Misserfolg war – das Hauptziel wurde nicht erreicht, und die Alliierten konnten den Rhein nicht überqueren. Er würde erst im März 1945, mehrere Monate später, überquert werden. Die Verluste bei dieser Operation waren recht hoch, wenn man ihre sehr kurze Dauer berücksichtigt. Die Alliierten erlitten über 17.000 Verluste und verloren in nur 8 Tagen Kampf etwa 88 Panzer. Im Vergleich dazu erlitten die Deutschen knapp 8.000 Verluste und verloren 30 Panzer.

Der letzte verzweifelte Kampf: Die Ardennenoffensive

Im Winter 1944 entschieden sich die Deutschen für ihr letztes Glücksspiel. Es war zweifellos ein gut durchdachter Plan mit einigen Vorzügen: Hitler plante eine große Offensive durch die dichten Wälder der Ardennen im Osten Belgiens und in Luxemburg, mit der er tief nach Belgien vordringen und den Alliierten die Nutzung des Hafens von Antwerpen verwehren wollte. Damit sollten die alliierten Streitkräfte effektiv in zwei Hälften gespalten werden, wodurch die Deutschen die vier alliierten Armeen einkreisen und vernichten und sie zu Friedensverhandlungen zu günstigen Bedingungen zwingen könnten. Diese Gegenoffensive war vielleicht Hitlers letzter Plan, um das Blatt des Krieges zu seinen Gunsten zu wenden und im Spiel zu bleiben. Doch was dann folgte, war eine der heftigsten Schlachten des gesamten Krieges und zweifellos die blutigste Schlacht für die Amerikaner sowie der drittopferreichste Feldzug in der gesamten amerikanischen Geschichte. Die Gegenoffensive begann am 16. Dezember 1944. Unter dem Schutz eines frühmorgendlichen Nebels gelang den Deutschen das Überraschungsmoment, und sie überrumpelten die Amerikaner. Ihre ersten Angriffe stützten sich auf etwa 410.000 Mann, wobei ein großer Schwerpunkt auf der Mechanisierung lag – über 1.400 Panzer und Jagdpanzer kamen zum Einsatz. Wenn man die späteren Verstärkungen hinzurechnet, wird deutlich, dass dies Hitlers letzter entscheidender Versuch war, das Blatt zu seinen Gunsten zu wenden. Die hier stationierten amerikanischen Truppen bestanden aus etwa vier Divisionen – kampfmüde und ohne jegliche Erwartung eines Angriffs. Ihre mangelnde Vorbereitung wurde durch das schlechte Wetter noch verstärkt – die Aufklärung war daher minimal. Als sie die volle Wucht des deutschen Erstangriffs zu spüren bekamen, waren die Verluste erschreckend hoch. Beim ersten Angriff durchbrachen die Deutschen nach einem Tag erbitterter Kämpfe die amerikanischen Frontlinien. Es gelang ihnen, wichtige Straßenkreuzungen einzunehmen und tief einzudringen – wodurch erneut ein markanter Frontbogen, d.h. ein „Bulge" entstand, dem die Schlacht ihren Namen verdankt. Allerdings wurden auch sie durch den starken Schneefall stark behindert, der ihre Bewegungs- und Aufklärungsmöglichkeiten einschränkte. Als Reaktion auf die Gegenoffensive verstärkte der Oberbefehlshaber der alliierten Streitkräfte, Dwight Eisenhower, umgehend die Frontlinien mit Verstärkungen, um den deutschen Vormarsch aufzuhalten. Schon bald verlangsamten sich die Deutschen und stießen auf heftigen Widerstand in der Nähe der Stadt Bastogne und zwischen Monschau und dem Elsenborn-Kamm. Diese umkämpften Punkte hinderten die Deutschen daran, ihr ursprüngliches Ziel vollständig zu erreichen, da die dahinter liegenden Straßen blockiert blieben. Als sich die Amerikaner von der anfänglichen Überraschung erholt hatten, begann der berühmte Generalleutnant George S. Patton die ersten amerikanischen Gegenangriffe im Norden des Frontbogens mit dem Ziel, die Deutschen zu umgehen. Und als sich das harte Winterwetter zu bessern begann, konnten sich die Amerikaner wieder auf ihre Luftunterstützung verlassen. Dies war einer der Hauptgründe, die zum endgültigen Scheitern von Hitlers Gegenoffensive führten. In der Zwischenzeit kämpften die vereinten Kräfte der amerikanischen Fallschirmjäger der 101. Luftlandedivision – der berühmten „Screaming Eagles" – mit Unterstützung von Panzern und Jagdpanzern gegen ständige deutsche Angriffe an den strategisch wichtigen Straßenkreuzungen von St. Vith und Bastogne. Eine interessante Geschichte aus der Ardennenoffensive gehört hierher und kann einfach nicht übersehen werden – denn sie gibt einen entscheidenden Einblick in die Moral der amerikanischen Truppen und ihre leidenschaftliche Bereitschaft, gegen alle Widrigkeiten zu kämpfen. Am 21. Dezember 1944 war die Stadt Bastogne – ein wichtiger strategischer Punkt – vollständig von den Deutschen eingeschlossen. Die Amerikaner in der Stadt waren zahlenmäßig unterlegen, unterbewaffnet und hatten nur wenige Vorräte, was zu erbitterten Kämpfen um den Stadtrand führte. Dennoch hielten die Amerikaner durch. Dies veranlasste den deutschen Befehlshaber, Generalleutnant von Lüttwitz, die Übergabe der Stadt zu fordern. Als der amerikanische Befehlshaber, Brigadegeneral Anthony McAuliffe, davon hörte, antwortete er einfach: „Nuts!" (etwa: „Quatsch!"). Seine Untergebenen beschlossen, dies als offizielle Antwort zu übermitteln, und schickten dem deutschen Kommando eine offizielle Antwort, in der lediglich stand:

„An den deutschen Befehlshaber: NUTS! Der amerikanische Befehlshaber."

Dies diente als enormer Motivationsschub für die Amerikaner in Bastogne, die stolz auf den Ausruf „Nuts!" waren und sich entschieden, weiterzukämpfen. Bastogne hielt durch und wurde am Ende nicht von den Deutschen erobert. Am 27. Dezember 1944 wurde deutlich, dass Hitlers Ardennenoffensive kein Erfolg war. Und im Januar 1945 begann der deutsche Frontbogen merklich zu schrumpfen. Die Amerikaner hielten den Druck an den Seiten des Frontbogens aufrecht, wurden oft durch Schneefall behindert und schlugen nacheinander zwei kleinere Gegenangriffe der eingekesselten 2. Panzerdivision zurück, die versuchte auszubrechen. Ende Januar war die ursprüngliche Frontlinie wiederhergestellt, wobei sich die ausgelaugten, dezimierten deutschen Formationen nach Deutschland und zur Siegfried-Linie zurückzogen. Dies war die letzte von Hitlers großen Offensiven – und in gewisser Weise kostete sie ihn alles. Seine Ressourcen und Truppen an der Westfront erlitten durch diese Aktion enorme Verluste und waren praktisch erschöpft. Bestenfalls gelang es ihm, die geplanten Offensiven der Alliierten um etwa sechs Wochen zu verzögern, was letztendlich keinen Unterschied machte. Andererseits wurde der amerikanische Sieg von den Alliierten sehr bejubelt, und ihre Fähigkeit, einem so erbitterten Angriff standzuhalten und sich gegen alle Widrigkeiten zu erholen, war sehr bewundernswert. Churchill erklärte berühmt, die Ardennenoffensive sei „...*zweifellos die größte amerikanische Schlacht des Krieges und wird, wie ich glaube, als eine ewig berühmte amerikanische Sieg betrachtet werden*". Doch obwohl es ein alliierter Erfolg war, kam er zu einem hohen Preis. Die Ardennenoffensive war ein berüchtigter blutiger Kampf mit enormen Verlusten an Menschenleben. Die Amerikaner erlitten etwa 89.500 Verluste, während diese Zahl für die Deutschen nahe an 98.000 herankam. Für etwa einen Monat Kampf ist diese Zahl ein katastrophaler Einblick in die Grausamkeit einer solch verzweifelten Offensive.

In die Höhle des Wolfes: Die Überquerung des Rheins

Die Überquerung des Rheins war zweifellos das Hauptziel der Alliierten nach der Niederschlagung der deutschen Gegenoffensive in den Ardennen. Dadurch würde den Alliierten der Einmarsch nach Westdeutschland ermöglicht und die Überwältigung der verbleibenden deutschen Armeen abgeschlossen werden. Allerdings war die Eroberung der Rheinübergänge eine Aufgabe für sich, da auch die Deutschen sich ihres strategischen Wertes bewusst waren. Operation Plunder war daher der vom britischen Feldmarschall Montgomery entwickelte Plan für einen gemeinsamen Einsatz alliierter Streitkräfte – unter Beteiligung von Kanadiern, Briten und Amerikanern –, um die nördlichen Teile des Rheins zu überqueren und in Norddeutschland einzudringen. Zur Unterstützung der Bodentruppen starteten die Alliierten eine „Unteroperation" namens *Operation Varsity*, deren Ziel es war, die feindlichen Verteidigungsanlagen zu stören, Operationen hinter den feindlichen Frontlinien durchzuführen und wichtige Brücken und Stellungen zu sichern. Bei Varsity wurden über 16.000 Fallschirmjäger abgesetzt, was sie zu einer der größten Luftlandeoperationen der Militärgeschichte machte. Sie war erfolgreich und trug entscheidend zum späteren Erfolg der Rheinüberquerungen bei. Insgesamt begann die alliierte Invasion Deutschlands am 22. März 1945. Als erste versuchte die 12. US-Armeegruppe die Überquerung des Rheins, die unter dem Schutz der Nacht begann. Der Widerstand am gegenüberliegenden Ufer war sporadisch und variierte an verschiedenen Stellen, da es den Deutschen spürbar an Ausrüstung, Mannstärke und auch Moral mangelte. Bis zum 25. März war ein beträchtlicher Brückenkopf am Westufer des Flusses geschlagen worden, und die Alliierten setzten weiterhin Panzer und Truppen über. Ende März hatten die Alliierten die

Rheinübergänge gesichert und drangen in Deutschland ein, was weiter verdeutlichte, dass der alliierte Sieg im Krieg unvermeidlich war. Hitlers verzweifeltes Spiel in den Ardennen ließ ihn weitgehend machtlos gegenüber der alliierten Invasion zurück. Allerdings würden die restlichen deutschen Armeen nicht kampflos untergehen – die Kämpfe in den Städten und Dörfern Deutschlands waren äußerst erbittert, einige der härtesten und gewalttätigsten Gefechte des Krieges bis zu diesem Zeitpunkt. Die Opferzahlen würden gegen Ende in die Hunderttausende steigen. Auch Zivilisten litten stark, sowohl unter den Händen der Invasoren als auch als Opfer der Kämpfe. Darüber hinaus überquerten die Alliierten den Rhein in einer Zangenbewegung – im Norden und Süden – und konnten so die deutsche Heeresgruppe B im Ruhrkessel einschließen. Zwischen dem 29. März und dem 4. April 1945 wurde die Armee vollständig eingekesselt, und ihre Niederlage brachte den Alliierten die Kontrolle über den lebenswichtigen deutschen Ruhrindustriekomplex. Andernorts in Europa war der Verlauf der Ereignisse für die restlichen Achsenmächte katastrophal – im Pazifik wendeten die Amerikaner das Blatt des Krieges und näherten sich dem japanischen Festland, während die Sowjets stetig ihren Vormarsch in Richtung Deutschland fortsetzten, Jugoslawien befreiten und bis April 1945 bis nach Wien vordrangen. Außerdem sollte in Italien der faschistische Führer Benito Mussolini seinem Schicksal begegnen. In der Erkenntnis, dass sein und der Achsenmächte Krieg sicherlich verloren war, versuchte Mussolini zu fliehen. Zusammen mit seiner Geliebten Claretta Petacci wurde er von italienischen kommunistischen Partisanen gefangen genommen, als er versuchte, in die Schweiz zu fliehen. Er wurde in einem Dorf in Norditalien namens Dongo am Ufer des Comer Sees ergriffen. Sie wurden am 28. April 1945 im nahegelegenen Dorf Giulino hingerichtet. Ihre Leichen wurden dann nach Mailand gebracht, wo sie kopfüber auf dem Hauptplatz der Stadt aufgehängt und von einer wütenden Menge misshandelt und gelyncht wurden. Das Ausmaß der

Misshandlungen ließ ihre Körper stark verstümmelt und praktisch unkenntlich zurück. So endete der faschistische Diktator, *Il Duce* Benito Mussolini. Inzwischen marschierte die sowjetische Armee stetig weiter. Anfang März 1945 startete Hitler eine verzweifelte letzte Offensive gegen die Sowjets mit dem Ziel, seine Ölreserven in Ungarn, hauptsächlich um den Plattensee herum, zu schützen und Budapest zurückzuerobern. Die als *Operation Frühlingserwachen* bekannte Offensive dauerte zwei Wochen, endete aber schließlich als deutscher Misserfolg und ermöglichte es den Sowjets, die Situation auszunutzen und ihren Marsch in Richtung Wien fortzusetzen. Dieser große Gegenangriff war als *Wiener Offensive* bekannt und überwältigte schnell die sich zurückziehenden deutschen Verteidiger – hauptsächlich durch den schieren zahlenmäßigen Vorteil, den die Sowjets hatten. Wien, das von den Deutschen, denen praktisch *alles* ausging, verzweifelt verteidigt wurde, fiel am 13. April. Adolf Hitler war wütend über das Scheitern der Operation und noch wichtiger über den Verlust Wiens – das er oft als wichtiger für ihn erachtete als Berlin. Nach diesem Misserfolg erteilte er dem Kommandeur der 6. SS-Panzerarmee – Sepp Dietrich – einen Befehl, der als *Ärmelstreifenbefehl* bekannt wurde, dass seine SS-Truppen, insbesondere die der 1. SS-Panzerdivision *Leibstandarte*, ihre SS-Armbinden als Zeichen der Schande entfernen sollten. Hitler behauptete, sie hätten nicht bewundernswert gekämpft. Sepp Dietrich weigerte sich, diesen Befehl auszuführen, und gab ihn nie an seine Truppen weiter. Sich der Situation, in der sich Deutschland befand, voll bewusst, scherzte Dietrich, dass seine 6. SS-Panzerarmee passend benannt sei, da sie *„nur noch sechs Panzer übrig haben".*

Mit dem amerikanischen Vormarsch über die Elbe-Mulde-Linie und ihrem Vorstoß über die Alpen – wo sie Hitlers berüchtigtes *Berchtesgaden* eroberten – näherte sich das Ende des Krieges. In kürzester Zeit rückten die alliierten Mächte auf die deutsche

Hauptstadt Berlin vor, wo der letzte entscheidende Kampf des Krieges geführt werden sollte. Hitler machte seinen letzten Kampf.

Das nahende Ende: Die Schlacht um Berlin

Der historischen Schlacht um Berlin ging ein unerbittlicher sowjetischer Vormarsch von Osten voraus. Angesichts des alliierten Vorrückens aus praktisch allen Richtungen standen die deutschen Armeen kurz vor der Niederlage, entschieden sich aber dennoch, in der Hauptstadt standzuhalten, teilweise getrieben von Hitlers zunehmend wahnhaften Plänen für Ausbrüche, Gegenoffensiven und den Sieg. Für alle um ihn herum war klar, dass nichts dergleichen möglich war. Darüber hinaus glaubten auch die Bürger Deutschlands an Hitler und entschieden sich, bis zum bitteren Ende zu kämpfen, anstatt zu kapitulieren. Sie hegten besonderen Hass gegen Kommunisten und waren daher entschlossen, Berlin mit allen Mitteln davon freizuhalten. Einer von Hitlers letzten verzweifelten Befehlen war die Mobilisierung des sogenannten *Volkssturms*, der aus schlecht ausgebildeten, nicht eingezogenen Männern im Alter zwischen 16 und 60 Jahren bestand. Dies und der Einsatz von Hitlerjungen im Kampf waren der perfekte Einblick in die blinde Hingabe der deutschen Bürger an das Regime, dem sie dienten. Im Osten begannen die Sowjets die entscheidende Offensive über den Fluss Narew, bekannt als die *Weichsel-Oder-Operation*. In sehr kurzer Zeit durchbrachen sie die feindlichen Verteidigungslinien und erzielten beeindruckende Vorstöße nach Westen, nahmen nach und nach Posen, Danzig und schließlich Ostpreußen ein, was sie noch näher an Berlin heranbrachte. Für Hitler wurde die Situation nahezu aussichtslos. Mit steigenden Opferzahlen und auf einem Tiefpunkt angelangten Vorräten war ein effektiver Widerstand so gut wie unmöglich. Am wichtigsten war, dass den Deutschen der Treibstoff ausging. Als der amerikanische Präsident Roosevelt am 12. April starb, hoffte Hitler, dass dies einen Keil zwischen die Alliierten treiben und ihm eine Chance zum Reagieren geben würde, aber das geschah nicht. Die ganze Zeit über wurde der Öffentlichkeit und der Armee ein ermutigendes und positives Bild vermittelt, obwohl Hitlers Gesundheit zunehmend angeschlagen und die Situation alles andere als positiv war. Hitler verteilte immer noch Eiserne Kreuze, meist an Mitglieder des Volkssturms und der Hitlerjugend – einige erst zwölf Jahre alt.

Inzwischen hatten die Amerikaner beschlossen, Berlin nicht am Boden anzugreifen. Es war bereits bekannt, dass die Stadt unter sowjetischen Einfluss fallen würde, und so hätte es ihnen unnötige Verluste eingebracht. Stattdessen entschieden sie sich für einen Luftangriff und führten die brutale Bombardierung Berlins durch. Am 9. April gelang es den Sowjets, die historische Stadt Königsberg einzunehmen, was den weiteren Vormarsch der sowjetischen Armeen aus Weißrussland ermöglichte. Damit stieg die Gesamtzahl der auf Berlin zumarschierenden sowjetischen Soldaten auf unglaubliche 2,3 Millionen Mann, was die zerlumpten Überreste der deutschen Armeen bei weitem übertraf. Berlin wurde langsam eingekreist. Zu Hitlers Geburtstag am 20. April 1945 begannen die Sowjets mit einem unerbittlichen Artilleriebeschuss der Stadt. Selbst da wurde Hitlers Geburtstag noch begangen, indem er vor seinem Bunker erneut Eiserne Kreuze an heroische Soldaten verteilte. Zu diesem Zeitpunkt war er sichtlich gebrechlich und abgekämpft. Die ganze Zeit über erteilte er unlogische Befehle, die zunehmend sein mangelndes Bewusstsein für die Situation zeigten, oft im Vertrauen auf Divisionen, die nicht mehr aktiv waren. Ringsum wurde die Situation hoffnungslos, da die verbliebenen deutschen Armeen keinen angemessenen Widerstand leisten konnten. Vielleicht die letzte Kampftruppe der Deutschen, die 9. Armee unter dem Befehl von Generaloberst Gotthard Heinrici, stand kurz vor der Einkreisung und versuchte verzweifelt, sich zurückzuziehen. Als Hitler am 22. April die Erkenntnis der Lage erreichte, wurde er von Wut übermannt. Die Tatsache, dass seine militärischen Pläne nicht umgesetzt werden konnten, machte ihn wütend, und er beschimpfte seine versammelten Generäle, denen er die Schuld am Scheitern des Krieges gab. Angeblich kündigte er ihnen an, dass er in Berlin bleiben und sich das Leben nehmen werde.

Die Schlacht verlagerte sich dann in die Stadt selbst, wobei die sowjetischen Truppen am Stadtrand zusammenkamen und den Flughafen Tempelhof, die S-Bahn und andere Zugänge zum Zentrum Berlins angriffen. Dies führte zu erbitterten Straßenkämpfen, die die Stadt weiter verwüsteten und auf beiden Seiten viele Opfer forderten. Als sich die deutschen Verteidiger allmählich in Richtung Zentrum zurückzogen, näherten sich die Sowjets von mehreren Richtungen, von Süden, Osten und Norden. Am frühen Morgen des 29. April gelang es den Sowjets, die Moltkebrücke über die Spree zu überqueren, die den Reichstag umgab. In diesem Gebiet kam es zu einigen der intensivsten Kämpfe, da das Gebäude für die Deutschen eine immense symbolische Bedeutung hatte. Die Sowjets brauchten bis zum 2. Mai, um die volle Kontrolle darüber zu erlangen. Inzwischen unterzeichnete Adolf Hitler, versteckt in seinem *Führerbunker*, sein kurzes, prägnantes letztes Testament. Dann heiratete er offiziell Eva Braun, seine langjährige Partnerin. Am nächsten Tag, dem 30. April, erhielt er die Information, dass den letzten verbliebenen Verteidigern Berlins rasch die Munitionsvorräte ausgingen, was auf die nahende endgültige Niederlage hindeutete. Hitler erteilte den Verteidigern die Erlaubnis, einen Ausbruchsversuch aus der Stadt zu unternehmen – offenbar damit sich die Soldaten retten konnten. Am Nachmittag zuvor hatte er die Nachricht erhalten, dass Benito Mussolini am Vortag hingerichtet worden war. Diese Nachricht schien ihn zu treffen und gab ihm die Entschlossenheit, nicht lebend gefangen genommen zu werden. Als die sowjetischen Truppen sich der Reichskanzlei näherten, entschieden sich Hitler und seine Frau, sich selbst zu töten, anstatt gefangen genommen zu werden. Höchstwahrscheinlich bissen beide gleichzeitig auf Zyanidkapseln und erschossen sich, obwohl Theorien nahelegen, dass Hitler sich erschoss, während Eva auf die Kapsel biss. Ihre Leichen wurden jedenfalls aus dem Führerbunker gebracht, mit Benzin übergossen und verbrannt, bis sie nicht mehr zu erkennen waren. Adolf Hitler war tot, und Berlin kapitulierte am 2. Mai. Sporadische Kämpfe dauerten an, bis der Zweite Weltkrieg in Europa am 9. Mai endete. Der globale Konflikt war jedoch noch nicht vorbei und sollte im Pazifik noch einige Monate weitergehen, bis die Amerikaner ihre Atomwaffen einsetzten, um das japanische Festland zu dezimieren und es zur Kapitulation zu zwingen. Damit war der Zweite Weltkrieg am 2. September 1945 beendet. Es war einer der verheerendsten Konflikte in der Menschheitsgeschichte.

Im Kielwasser des Krieges: Die Nachwirkungen

Das Ende des Zweiten Weltkriegs führte die gesamte Welt in eine völlig neue Ära und veränderte das politische Bild der Welt von Grund auf. Zweifellos war die wichtigste Veränderung in der Welt die Etablierung zweier großer Weltmächte, der Vereinigten Staaten von Amerika und der Sowjetunion – beide würden den Globus beeinflussen und deren Machtkampf später zu vielen neuen Konflikten rund um den Globus führen. Tatsächlich war das Ende des Zweiten Weltkriegs leider nicht das Ende der Kriegsführung in der Welt. Fast ununterbrochen seitdem gab es zahlreiche Kriege rund um die Welt, einige begannen sogar, als der Staub dieses verheerenden globalen Krieges noch nicht einmal vollständig abgesetzt war. Unmittelbar nach der Einstellung der Feindseligkeiten – insbesondere in Europa – teilten die Alliierten jedoch ihre Besatzung Deutschlands und Österreichs auf. Letzteres wurde wieder neutral, nachdem es vor Kriegsausbruch von Hitler annektiert worden war. Deutschland hingegen wurde zwischen den Sowjets und den Westalliierten aufgeteilt. Es wurde in zwei Besatzungszonen geteilt, die östliche unter sowjetischer Herrschaft und die westliche unter den Westmächten. Diese beiden Zonen würden nach 1949 zu den getrennten Staaten Ost- und Westdeutschland werden. Unmittelbar nach dem Krieg wurde Deutschland einem aufwendigen und langwierigen Prozess der „Entnazifizierung" unterzogen, durch den jede Erinnerung an den Nationalsozialismus ausgelöscht werden sollte. Alle, die zuvor in irgendeiner Weise mit dem Nationalsozialismus in Verbindung standen, wurden umgehend aus allen Machtpositionen entfernt, und die führenden deutschen Führer aus dem Krieg wurden wegen angeblicher Kriegsverbrechen bei den *Nürnberger Prozessen* angeklagt. Zu den in Nürnberg Angeklagten gehörten einige der ranghöchsten Persönlichkeiten des Krieges, von denen mehrere zum Tode verurteilt wurden, darunter Wilhelm Keitel, Alfred Jodl, Hermann Göring, Joachim von Ribbentrop, Julius Streicher und Alfred Rosenberg.

Territoriale Veränderungen nach dem Krieg waren ebenfalls beträchtlich, besonders wenn es um ehemals deutsche Gebiete ging. Polen erhielt große Zugewinne, darunter Teile Pommerns und Ostpreußens sowie die Regionen Schlesien und Neumark. Ethnisch deutsche Bevölkerungen in diesen Regionen wurden der Vertreibung ausgesetzt und zurück ins eigentliche Deutschland gezwungen. Es gab ethnisch deutsche Bevölkerungen in ganz Europa, einschließlich Jugoslawien, Polen, Rumänien, der Ukraine und Russland. Allerdings wurden auch Teile Polens von der Sowjetunion eingenommen, die wiederum die Polen vertrieb. Die Sowjetunion erlebte ebenfalls eine große Expansion, insbesondere nach der Eingliederung der drei baltischen Staaten Estland, Lettland und Litauen. Darüber hinaus entstand nach dem Krieg der sogenannte Ostblock mit zahlreichen Satellitenstaaten unter sowjetischem Einfluss oder direkter Kontrolle. Dazu gehörten die neu gegründete kommunistische Föderative Volksrepublik Jugoslawien, die Volksrepublik Albanien, die Volksrepublik Bulgarien, die Rumänische Volksrepublik, die Republik Ungarn, die Tschechoslowakische Republik, die Ukrainische SSR, die Weißrussische SSR, die Republik Polen und so weiter. Die Alliierten gründeten nach Kriegsende auch die Vereinten Nationen – die wir heute kennen. Ihr ursprüngliches Ziel war es, den Weltfrieden zu erhalten: Allerdings gab es seitdem in zahlreichen Teilen des Globus keinen Frieden mehr. Andererseits bildeten die westlichen Alliierten im Vergleich zum sowjetischen kommunistischen Ostblock die NATO, die North Atlantic Treaty Organization, die im April 1949 gegründet wurde. Diese beiden Sphären der Welt, mangels eines besseren Begriffs, würden in eine erbitterte Periode politischer Spannungen und offenen Wettbewerbs, im Grunde einen Machtkampf, abgleiten. Diese Periode ist als *Kalter Krieg* bekannt, eine Zeit der Spannungen, die von 1947 bis 1991 andauern würde.

Auf der ganzen Welt würden im Laufe der Zeit nach dem Zweiten Weltkrieg zahlreiche Kriege ausbrechen, einige praktisch unmittelbar danach. Einer der größten solcher Konflikte war der Koreakrieg, der aus der Teilung Koreas in das sowjetisch besetzte Nordkorea und das US-besetzte Südkorea resultierte. Der Krieg dauerte von 1950 bis 1953. Ein weiterer entscheidender Konflikt war der Erste Indochinakrieg in Vietnam, der französische und vietnamesische Streitkräfte in einem erbitterten Krieg gegeneinander antreten ließ, der von 1946 bis 1954 dauern sollte. Die frühesten Formen davon begannen sogar, bevor der Zweite Weltkrieg vollständig vorbei war. In China wurde der Bürgerkrieg 1946 zwischen den nationalistischen und kommunistischen Kräften wieder aufgenommen. Bis 1949 waren die Kommunisten siegreich, und aus diesem Sieg ging die Volksrepublik China hervor. Die besiegten Nationalisten zogen sich auf die Insel Taiwan zurück, wo sie die Republik China gründeten. Die Angelegenheit ist bis heute umstritten. Im Nahen Osten wurde nach Kriegsende der Staat Israel gegründet, was zu dem hitzigen Konflikt zwischen Israel und den arabischen Ländern führte. Die Konflikte begannen 1947 und eskalierten zum Ersten Arabisch-Israelischen Krieg, der bis 1949 dauerte. Die Feindseligkeiten in der Region dauerten jedoch mit Unterbrechungen bis 1979 und darüber hinaus an.

Was die Wirtschaft betrifft, erlebten viele Nationen, die am Zweiten Weltkrieg beteiligt waren, unterschiedliche Ergebnisse. Zum Beispiel litt die Vereinigten Staaten am wenigsten unter den Auswirkungen des Krieges – teilweise weil sie außerhalb ihres Festlandgebiets beteiligt waren. Die Nachkriegsära in Amerika ist eine der idealistischen Darstellungen der amerikanischen Gesellschaft. Die 1950er Jahre waren von einem starken Anstieg der Geburtenraten und einem sehr hohen BIP geprägt. Ihre Industrie trat in eine goldene Ära ein, und Amerika dominierte die Weltwirtschaft. Das Bild der *Kernfamilie* wurde in der durchschnittlichen amerikanischen Familie der 1950er Jahre perfekt verkörpert. Jedoch verbarg diese ideale Fassade etwas weit Hässlicheres – die jungen Männer der Vereinigten Staaten wurden erneut einem grausamen Krieg ausgesetzt, und das nicht allzu lange, nachdem die Schrecken des Zweiten Weltkriegs vorbei waren. Der Koreakrieg war ein solcher Konflikt, während der Vietnamkrieg weit berüchtigter wurde – er dauerte über 19 Jahre, nachdem er 1955 begann. Auch die Sowjetunion erlebte in den Jahren nach dem Krieg einen stetigen Aufschwung, und ihre Industrie boomte trotz der enormen Verluste, die sie im Krieg erlitten hatte. Das Leben in der UdSSR wird bis heute in postsowjetischen Nationen idealisiert. In Europa jedoch begann sich die Wirtschaft nach der Einführung ausländischer Hilfe in Form des Marshall-Plans wesentlich zu erholen. In den Jahren nach 1948 erlebten Frankreich, Italien und Deutschland alle eine rasche Erholung, und ihre Wirtschaft boomte erheblich, was es ihnen ermöglichte, sich in relativ kurzer Zeit von den verheerenden Auswirkungen des Krieges zu erholen. Nichtsdestotrotz diente der Zweite Weltkrieg als Beweis für die wachsende Unruhe in der Welt, die mit dem Beginn des 20. Jahrhunderts mit zahlreichen Veränderungen in all seinen Aspekten eingeführt wurde. Er bleibt bis heute eine der hässlichsten Seiten in der gesamten Menschheitsgeschichte und ein Krieg von beispiellosem Ausmaß, der das Schlimmste im Menschen hervorbrachte. Und alles, was wir in diesen turbulenten Zeiten hoffen können, ist, dass er sich nie wieder wiederholt.

Ein Krieg von beispiellosem Ausmaß: Die Opfer

Nach dem Ersten Weltkrieg war die Welt fassungslos. Einen Konflikt dieses Ausmaßes hatte es noch nie gegeben, und viele glaubten, dass sich eine solche Verwüstung nie wiederholen würde. Doch weniger als zwei Jahrzehnte später wiederholte sich die Geschichte, und diesmal in noch größerem Umfang. Der Zweite Weltkrieg wurde zu einem der katastrophalsten Konflikte der Menschheitsgeschichte und brachte Tod in einem Ausmaß, das jede Vorstellungskraft überstieg. Wie sein Vorgänger war der Zweite Weltkrieg ein Krieg beispielloser Entwicklungen, bei dem viele neue Militärtechnologien in den Vordergrund traten. Moderne Waffen wurden in großem Umfang eingesetzt, darunter eine Vielzahl von Flugzeug- und Panzermodellen, neue Waffensysteme, V-2-Langstreckenraketen, Düsenjäger und die berüchtigten Atombomben. Tragischerweise sollte dies nicht das letzte Mal sein, dass diese Waffen eingesetzt wurden, da die Großmächte in den folgenden Jahrzehnten diese Rüstungsgüter weiterentwickelten und die Rüstungsindustrien weltweit in den Vordergrund rückten.

Die Tragödie des Zweiten Weltkriegs ging jedoch weit über die Schlachtfelder hinaus. Sie stürzte Millionen von Zivilisten und Kriegsgefangenen in einen Albtraum aus Leid und Brutalität, der die schlimmsten Aspekte der menschlichen Natur offenbarte. Die Schrecken des Holocaust und die grausame Realität des Lebens als Kriegsgefangener gehören zu den erschütterndsten Aspekten dieses Konflikts und zeigen die Fähigkeit des Menschen zu Grausamkeit und Gleichgültigkeit.

Die Behandlung von Kriegsgefangenen während des Zweiten Weltkriegs war von weitverbreiteten Verstößen gegen die Genfer Konvention von 1929 geprägt, die eine menschenwürdige Behandlung gefangener Soldaten gewährleisten sollte. In vielen Kriegsschauplätzen wurden diese Richtlinien ignoriert oder rundweg abgelehnt. Soldaten, die sich ergaben oder gefangen genommen wurden, sahen sich Zwangsarbeit, Hunger, Krankheiten, brutalen Strafen und in vielen Fällen summarischen Hinrichtungen ausgesetzt.

An der Ostfront kam es zu einigen der schwersten Verstöße gegen das Kriegsrecht, insbesondere zwischen Nazi-Deutschland und der Sowjetunion. Die Nazis nahmen etwa 5,7 Millionen sowjetische Soldaten gefangen, aber schätzungsweise 3,3 Millionen von ihnen kamen in Gefangenschaft ums Leben. Die Nazi-Ideologie betrachtete sowjetische Kriegsgefangene als rassisch minderwertig und daher einer menschenwürdigen Behandlung nicht würdig. Hunger wurde systematisch als Waffe eingesetzt, da den Gefangenen bewusst Nahrung und medizinische Versorgung vorenthalten wurden. Viele wurden auch zur Zwangsarbeit unter schwierigsten Bedingungen in den harten russischen Wintern gezwungen oder bei Massenerschießungen summarisch hingerichtet.

Im pazifischen Kriegsschauplatz war die Behandlung alliierter Kriegsgefangener durch das japanische Kaiserreich ebenso brutal. Die japanische Militärdoktrin betrachtete Kapitulation als unehrenhaft, was zu einer unmenschlichen Behandlung der Gefangenen führte. Kriegsgefangene, darunter amerikanische, britische, australische und niederländische Soldaten, mussten unter unerträglichen Bedingungen Zwangsmärsche erdulden, wie der berüchtigte Todesmarsch von Bataan auf den Philippinen zeigt. Tausende von Gefangenen starben an Erschöpfung, Dehydrierung und Misshandlungen durch ihre Peiniger. Diejenigen, die überlebten, wurden oft in Zwangsarbeitslager geschickt, wie etwa die Arbeiten an der Burma-Thailand-Eisenbahn, wo Unterernährung, Tropenkrankheiten und brutale Arbeitsbedingungen Tausende das Leben kosteten.

Unsere Aufmerksamkeit richtet sich auch auf die Notlage der Juden während des Krieges. Die Verfolgung der Juden begann lange vor der Vernichtungsphase des Holocaust. Bereits in den 1930er Jahren wurden die Nazi-Politiken zur Isolierung und Entmenschlichung der Juden immer härter. Den Juden wurden durch Gesetze wie die Nürnberger Gesetze von 1935 ihre Rechte entzogen, die Mischehen verboten und Juden ihrer deutschen Staatsbürgerschaft beraubten. Als die Nazis ihre Kontrolle über Europa ausweiteten, wuchs diese Verfolgung zu einem massiven, koordinierten Versuch, Juden und andere sogenannte „Unerwünschte" zusammenzutreiben.

Juden wurden gewaltsam aus ihren Häusern entfernt und in überfüllte Ghettos in Städten in ganz Europa getrieben, wo sie vom Rest der Bevölkerung abgesondert wurden. Diese Ghettos, wie das in Warschau, Polen, wurden abgeriegelt, und die Bedingungen waren entsetzlich. Hunger, Krankheiten und elende Lebensbedingungen waren weit verbreitet, und viele starben aufgrund von Nahrungsmangel, fehlender medizinischer Versorgung und mangelnder Hygiene. Die Ghettos dienten als vorübergehende Sammelstelle vor dem letztendlichen Transport dieser Gemeinschaften in Konzentrations- und Vernichtungslager.

Als die Nazis die „Endlösung" umsetzten, einen Völkermordplan zur systematischen Vernichtung der jüdischen Bevölkerung, wurden Massendeportationen zur Normalität. Juden wurden aus Ghettos, Häusern und Verstecken zusammengetrieben, oft brutal von Soldaten auf die Straße gezerrt. Sie wurden dann in überfüllte Viehwaggons gepfercht, mit wenig oder gar keiner Nahrung und Wasser, und in Vernichtungslager transportiert. Diese Reisen konnten Tage oder sogar Wochen dauern, wobei viele unterwegs an Erstickung, Durst oder der puren Brutalität ihrer Peiniger starben.

Die Methoden zur Vernichtung von Juden und Kriegsgefangenen während des Zweiten Weltkriegs waren ebenso vielfältig wie grauenhaft. Das Ausmaß und die systematische Natur dieser Gräueltaten waren beispiellos in der Weltgeschichte, angetrieben von Ideologien, die ihre Opfer entmenschlichten und das Töten zu einem industriellen Prozess machten.

Die Gaskammern waren die berüchtigtste Methode des Massenmordes während des Holocaust. In Lagern wie Auschwitz-Birkenau, Treblinka und Sobibor wurden Juden und andere Opfer unter dem Vorwand, duschen zu gehen, in Gaskammern geführt. Sobald die Türen versiegelt waren, wurde Giftgas wie Zyklon B freigesetzt, das innerhalb von Minuten Tausende von Menschen tötete. Diese Lager waren explizit für effizienten Massenmord konzipiert, mit Einrichtungen, die täglich Tausende von Menschen vernichten konnten. Die Leichen wurden dann in großen Krematorien beseitigt, wodurch der Mord zu einem mechanisierten, routinemäßigen Vorgang wurde.

In den frühen Phasen des Holocaust, vor der Einrichtung von Gaskammern, waren Massenerschießungen die primäre Vernichtungsmethode. Mobile Tötungseinheiten, sogenannte Einsatzgruppen, folgten dem Vormarsch der deutschen Armee nach Osteuropa und trieben systematisch Juden, Roma und sowjetische politische Kommissare zusammen und exekutierten sie. Die Opfer wurden oft gezwungen, ihre eigenen Gräber zu schaufeln, bevor sie aufgereiht und erschossen wurden, wobei ihre Körper in Massengräber fielen. Diese Methode wurde an Orten wie Babij Jar angewandt, wo innerhalb weniger Tage Zehntausende getötet wurden.

Hunger war eine weitere Waffe, die von den Nazis sowohl gegen Juden als auch gegen Kriegsgefangene eingesetzt wurde. In Ghettos, Konzentrations- und Arbeitslagern wurde die Nahrung absichtlich auf ein Minimum rationiert, was zu weit verbreiteter Unterernährung und Tod führte. Gefangene wurden auch unter brutalen Bedingungen zur Zwangsarbeit gezwungen, bauten Infrastruktur, arbeiteten in Rüstungsfabriken oder schufteten in Steinbrüchen. Diese Arbeitslager waren Todesfallen, in denen diejenigen, die zu schwach zum Arbeiten waren, summarisch hingerichtet oder dem Hungertod und Krankheiten überlassen wurden.

In einigen Lagern wurden Gefangene grausamen medizinischen Experimenten unterzogen. Ärzte wie Josef Mengele führten schreckliche Prozeduren an Gefangenen, darunter auch Kindern, ohne Betäubung im Namen pseudowissenschaftlicher Forschung durch. Diese Experimente umfassten Tests zu Hypothermie, Infektionskrankheiten und chemischen Waffen, die oft zu unerträglichen Schmerzen und zum Tod der Opfer führten.

Insgesamt wird geschätzt, dass während des Zweiten Weltkriegs etwa 60 Millionen Menschen starben, wobei ungefähr 40 Millionen davon Zivilisten waren. Der Holocaust forderte das Leben von sechs Millionen Juden sowie Millionen anderer, darunter Roma, Menschen mit Behinderungen, politische Dissidenten und Kriegsgefangene. Das schiere Ausmaß des Leidens, das sowohl Zivilisten als auch gefangene Soldaten erlebten, unterstrich die brutale Natur dieses Konflikts. Allein die Sowjetunion verlor fast 8,7 Millionen Soldaten, mit zusätzlichen 19 Millionen zivilen Todesfällen, was nicht nur die Weite des Landes, sondern auch die immensen menschlichen Kosten aufzeigte.

Die Behandlung von Kriegsgefangenen und die systematische Ausrottung der Juden während des Zweiten Weltkriegs offenbarten die Fähigkeit der Menschheit zu unvorstellbarer Grausamkeit. Diese Gräueltaten wurden von Ideologien des Hasses, Rassismus und der Entmenschlichung angetrieben, die ganze Bevölkerungsgruppen zu bloßen Hindernissen reduzierten, die es zu beseitigen galt. Der Holocaust steht insbesondere als deutliche Mahnung vor den Gefahren unkontrollierter Vorurteile und den tödlichen Folgen der Entmenschlichung anderer.

Alles in allem war der Zweite Weltkrieg ein Konflikt von biblischen Ausmaßen und tragischerweise der gewalttätigste in der menschlichen Geschichte. Er brachte das hässlichste Gesicht der Menschheit zum Vorschein und zeigte, wie tief die Menschheit sinken kann, wenn sie von Hass und blinder Ideologie ergriffen wird. Diese Geschichte steht als Lehre für diejenigen, die bereit sind zuzuhören: Lasst solch sinnlosen Hass und Missachtung menschlichen Lebens nie wieder geschehen. Das Leid der Kriegsgefangenen und die Gräueltaten des Holocausts dürfen niemals vergessen werden, denn nur durch das Erinnern an diese Schrecken können wir hoffen, ihre Wiederholung zu verhindern.

Hitlers Kreis des Bösen: Die Architekten der Zerstörung

Adolf Hitler mag zwar das Gesicht Nazi-Deutschlands gewesen sein, doch sein Aufstieg zur Macht und die Umsetzung seiner Völkermordvision wären ohne die eng verbundene Gruppe loyaler Anhänger und rücksichtsloser Vollstrecker, die ihn umgaben, nicht möglich gewesen. Diese als Hitlers „Kreis des Bösen" bekannte Gruppe von Männern half Hitler nicht nur bei der Machtergreifung in Deutschland, sondern spielte auch eine entscheidende Rolle bei der Ausarbeitung und Durchführung einiger der grausamsten Strategien des 20. Jahrhunderts. Diese Personen waren durch ihren Ehrgeiz, ihre fanatische Loyalität zu Hitler und ihren gemeinsamen Glauben an die Ideologie der Rassenüberlegenheit vereint, die zu einem der dunkelsten Kapitel der Geschichte führen sollte.

Heinrich Himmler

Heinrich Himmler war einer von Hitlers vertrautesten Gefolgsleuten und der Architekt hinter einem Großteil der systematischen Brutalität des Nazi-Regimes. Als Chef der SS (Schutzstaffel) und oberster deutscher Polizeichef schuf Himmler einen riesigen und erbarmungslosen Terrorapparat. Er beaufsichtigte die Gestapo (Geheime Staatspolizei), Konzentrationslager und Vernichtungslager, in denen Millionen von Juden, politischen Gefangenen und anderen Gruppen ermordet wurden.

Himmler war die treibende Kraft hinter der Umsetzung der „Endlösung", dem Nazi-Plan zur Vernichtung der jüdischen Bevölkerung Europas. Er leitete die Massendeportationen von Juden in die Vernichtungslager und war maßgeblich an der Etablierung der Logistik des Völkermords beteiligt, wodurch er einen Zustand antisemitischer Politik in eine tödliche Kampagne des industriellen Massenmordes verwandelte.

Himmler war auch ein glühender Anhänger der nationalsozialistischen Rassentheorien und des Okkultismus. Seine SS war nicht nur eine militärische Organisation, sondern eine kultähnliche Gruppe, die mit der Idee der arischen Überlegenheit indoktriniert wurde. Er betrachtete die Ausrottung von Juden und anderen „minderwertigen Rassen" als heilige Mission und rechtfertigte seine grauenhaften Taten mit einem verdrehten Gefühl ideologischer Pflicht.

Joseph Goebbels

Joseph Goebbels, Hitlers Propagandaminister, war ein Meistermanipulator, der seine Fähigkeiten nutzte, um die öffentliche Meinung zu formen und die Flammen des Hasses zu schüren, die die Nazi-Bewegung antrieben. Er war der Architekt der Propagandamaschine, die Hitler als Deutschlands Retter verherrlichte und die giftige Ideologie des Antisemitismus im ganzen Land verbreitete.

Goebbels nutzte jedes ihm zur Verfügung stehende Mittel – Zeitungen, Rundfunksendungen, Filme, Plakate und Massenkundgebungen –, um eine Erzählung zu schaffen, die Juden als Wurzel aller Probleme Deutschlands darstellte. Seine Reden und Veröffentlichungen entmenschlichten jüdische Menschen, indem sie sie als Feinde des Staates darstellten, was den Grundstein für die weitverbreitete Akzeptanz ihrer Verfolgung und späteren Vernichtung legte.

In den späteren Kriegsjahren spielte Goebbels eine entscheidende Rolle bei der Mobilisierung der deutschen Gesellschaft für den „Totalen Krieg", indem er die Bevölkerung drängte, alles für die Verteidigung des Reiches zu geben, während die alliierten Streitkräfte näher rückten. Sein fanatischer Glaube an Hitler und sein unerschütterliches Engagement für die Nazi-Sache hielten selbst dann noch an, als die Niederlage unvermeidlich schien.

Hermann Göring

Hermann Göring war eine der ranghöchsten Figuren in Hitlers Kreis und eine zentrale Figur in der Nazi-Machtstruktur. Er war maßgeblich an Hitlers Aufstieg zur Macht beteiligt und diente später als Oberbefehlshaber der Luftwaffe und Leiter des Vierjahresplans, der die wirtschaftliche Ausbeutung der besetzten Gebiete überwachte. Göring spielte eine bedeutende Rolle in den frühen Stadien der Judenverfolgung, indem er die Beschlagnahme jüdischen Eigentums und jüdischer Unternehmen als Teil der Nazi-Strategie zur Isolierung und Verarmung der jüdischen Gemeinschaft anordnete. Er leitete auch Sitzungen, die den Grundstein für die „Endlösung" legten und direkt zu den darauf folgenden Völkermordpolitiken beitrugen.

Görings Fokus auf wirtschaftliche Plünderung war zentral für die Nazi-Kriegsanstrengungen. Er leitete die Plünderung von Kunst, Wertsachen und natürlichen Ressourcen aus eroberten Ländern und leitete den Reichtum nach Deutschland zurück, um die Kriegsmaschinerie anzutreiben. Seine Gier und sein verschwenderischer Lebensstil brachten ihm selbst unter anderen Nazi-Funktionären einen Ruf der Korruption ein.

Reinhard Heydrich

Reinhard Heydrich, oft als eine der rücksichtslosesten und kaltblütigsten Figuren in der Nazi-Hierarchie beschrieben, war der Hauptarchitekt der „Endlösung". Als Leiter des Reichssicherheitshauptamtes (RSHA) war er für die Koordinierung der Aktivitäten der Gestapo, der Kriminalpolizei und der Nachrichtendienste Nazi-Deutschlands verantwortlich.

Heydrich leitete die berüchtigte Wannsee-Konferenz im Januar 1942, bei der der Bauplan für die systematische Vernichtung des jüdischen Volkes formalisiert wurde. Hier legten die Nazis detaillierte Pläne für die Deportation und Vernichtung der europäischen Juden in Vernichtungslagern fest.

Die zu seinen Ehren nach seiner Ermordung im Jahr 1942 benannte „Operation Reinhard" markierte den Beginn der intensivsten

Phase des Holocaust mit der Errichtung von Vernichtungslagern wie Sobibor, Treblinka und Belzec. Diese Lager waren ausschließlich für die effiziente Massenermordung von Juden konzipiert, hauptsächlich durch den Einsatz von Gaskammern.

Rudolf Heß

Rudolf Heß war einer von Hitlers frühesten Unterstützern und sein Stellvertreter in der NSDAP. Obwohl er weniger in die täglichen Abläufe des Völkermords involviert war, lag Heß' Einfluss in seiner fanatischen Hingabe zur Nazi-Ideologie und seiner Rolle bei der frühen Entwicklung der extremistischen Parteirichtlinien.

Heß half bei der Kodifizierung vieler ideologischer Grundsätze, die den nationalsozialistischen Rassenpolitiken zugrunde lagen, einschließlich der Förderung der arischen Überlegenheit und der Dämonisierung von Juden, Slawen und anderen Gruppen. Seine Loyalität zu Hitler war absolut, und er war maßgeblich daran beteiligt, die Vision des Führers in den Reihen der NSDAP zu verbreiten.

In einer bizarren Wendung der Ereignisse flog Heß 1941 im Alleingang nach Schottland in einem fehlgeleiteten Versuch, Frieden mit den Briten zu verhandeln, ein Schritt, der zu seiner Verhaftung und späteren Inhaftierung führte. Obwohl er nach dieser Tat aus der Nazi-Führung ausgeschlossen wurde, hatten seine frühen Beiträge zur Nazi-Ideologie den Kurs des Regimes für den Weg der Zerstörung bereits festgelegt.

Adolf Eichmann

Adolf Eichmann, oft als der „Logistikspezialist" des Holocaust bezeichnet, war verantwortlich für die Organisation des Transports von Millionen Juden in Ghettos, Konzentrationslager und Vernichtungslager. Seine akribische Aufmerksamkeit fürs Detail und seine kalte Effizienz bei der Koordination der Massendeportationen machten ihn zu einer der berüchtigtsten Figuren des NS-Regimes.

Eichmanns Aufgabe bestand darin, Züge zu planen und sicherzustellen, dass die Logistik des Transports riesiger Mengen von

Juden in den Tod mit tödlicher Präzision ablief. Er spielte eine Schlüsselrolle dabei, die Maschinerie des Völkermords reibungslos funktionieren zu lassen und die nationalsozialistische Vision eines judenfreien Europas in eine grauenhafte Realität zu verwandeln.

Selbst nach dem Krieg zeigte Eichmann keine Reue für seine Taten und verteidigte seine Rolle als bloßes Befolgen von Befehlen. Sein Prozess in Israel im Jahr 1961 brachte das volle Ausmaß seiner Beteiligung am Holocaust ans Licht und symbolisierte die Banalität des Bösen – die Art und Weise, wie gewöhnliche Menschen durch bürokratischen Gehorsam Gräueltaten begehen konnten.

Hitlers „Kreis des Bösen" war nicht nur eine Gruppe hochrangiger Beamter; es war ein Netzwerk von Ideologen, Technokraten und Vollstreckern, die Hitlers Vision teilten und bereit waren, jede Gräueltat zu begehen, um ihre Ziele zu erreichen. Ihr kollektiver Ehrgeiz, ihre Bereitschaft, ihr moralisches Gewissen zu unterdrücken, und ihre fanatische Hingabe an die nationalsozialistische Sache ermöglichten es Hitler nicht nur, an die Macht zu kommen, sondern auch eine Schreckensherrschaft über Europa zu entfesseln, die zum Tod von Millionen führte.

Diese Männer befolgten nicht nur Befehle; sie waren aktive Teilnehmer und Architekten der Nazi-Ideologie, die Völkermord, Krieg und Unterdrückung rechtfertigte. Ihre persönlichen Ambitionen und ihr ideologischer Eifer befeuerten eine Maschinerie des staatlich geförderten Terrors, die mit gnadenloser Effizienz operierte. Gemeinsam formten sie ein Regime, das als eines der erschreckendsten Beispiele dafür gilt, was passiert, wenn Macht unkontrolliert bleibt und der Wert des menschlichen Lebens auf nichts mehr als eine Berechnung im Streben nach ideologischen Zielen reduziert wird.

Das Vermächtnis von Hitlers Kreis des Bösen ist eine düstere Erinnerung daran, wie leicht Vorurteile und Hass von Machthabern manipuliert werden können, um Taten unsagbarer Grausamkeit zu begehen. Die Männer, die Hitler umgaben, waren nicht nur passive

Helfer; sie waren willige Teilnehmer an einer gemeinsamen Vision, die zu Leid in unvorstellbarem Ausmaß führte. Ihre Handlungen sind zu einer dauerhaften Warnung an die Menschheit geworden, vor den Gefahren blinden Gehorsams, der Korruption der Macht und den verheerenden Auswirkungen, wenn man Hass ungehindert gewähren lässt.

Fazit

Ein wahrhaft weiser Geist ist stets offen für Neues. Seinen Horizont zu erweitern, zu bereichern und auszudehnen sowie Tatsachen zu akzeptieren, sind Zeichen eines intelligenten Menschen. Darüber hinaus sind der Wunsch, sich zu verbessern, zu wachsen und an den eigenen Fehlern zu arbeiten, positive Eigenschaften eines jeden Menschen. Aus einer so gewaltigen Lektion wie dem Zweiten Weltkrieg lässt sich viel lernen. Die stets habgierigen Weltführer scheinen jedoch wenig gelernt zu haben – der Krieg hörte nie auf, sondern breitete sich nur über den Globus in sporadische, vereinzelte Konflikte aus, die uns nie zur Ruhe kommen und gedeihen ließen. Doch kann es sein, dass es in der Hand des Einzelnen liegt, die Dinge richtigzustellen, zu vergeben, zu vergessen, sich zu verbessern, weiterzumachen und die Hand zum Frieden auszustrecken? Können wir aus den Fehlern der Welt lernen und schwören, sie nie zu wiederholen? Traurig ist die Tatsache, dass so viele Seelen – unschuldig oder nicht – in den Zahnrädern einer gewalttätigen Maschinerie gefangen waren, die der Zweite Weltkrieg darstellte. Im ständigen Streben nach Macht zwischen den großen Weltmächten findet sich der einfache Mensch gefangen und zertreten im Mechanismus des Krieges wieder. Und alles, was man tun kann, ist, machtlos und stumm angesichts solch rücksichtsloser Zerstörung dazustehen und die Vernichtung der eigenen Heimat, Stadt, Nation – des eigenen Glaubens, der Verwandten und der Kultur – mit anzusehen. Heute können wir nur in die Zukunft blicken, die Erinnerungen an all das Verlorene bewahren und auf eine bessere Zukunft hoffen, frei von Kriegen und frei von Hass. Lasst die alten Feinde in der Vergangenheit ruhen und den Hass mit ihnen. Denn es braucht Mut und es braucht einen großartigen Menschen, um nach vorne zu schauen und mutig voranzuschreiten, mit nur den besten Absichten im Sinn: Frieden, Wohlstand, Demut und Respekt. Wo sind die Ehre und der Edelmut vergangener Zeiten? Wo sind die edlen Taten der Menschen? Alles, was wir tun können, ist einen Appell zu senden – lasst uns nicht in die Fußstapfen einer solch unziemlichen Geschichte treten. Mögen sich die Handlungen der Weltführer nie wieder so wiederholen, und mögen die Opfer der Unschuldigen immer in Erinnerung bleiben und den gebührenden Respekt erhalten. Denn auf ihren Knochen und auf ihren Leben ist die Welt, wie wir sie heute kennen, aufgebaut. Beim Schreiben dieses Buches haben wir uns ausschließlich auf bestätigte literarische und historische Quellen gestützt, um Ihnen, dem Leser, nur die besten und genauesten Informationen zu liefern. Es versteht sich von selbst, dass der Autor dieses Werk hingebungsvoll aus einer neutralen Perspektive verfasst hat, ohne jegliche politische oder sonstige Zugehörigkeit. Und möge dieses Werk auch aus einer solchen Perspektive gelesen werden.

Literaturverzeichnis: Baudot, M. 1980. *The Historical Encyclopedia of World War II.* Facts on File. Baxter, I. 2007. *From Retreat to Defeat: The Last Years of the German Army on the Eastern Front 1943-45.* Helion & Company. Baxter, I. 2008. *Road to Destruction: Operation Blue and the Battle of Stalingrad 1942-43.* Helion & Company. Esdaile, C. 2019. *The Spanish Civil War: A Military History.* Routledge. Evans, M. M. 2000. *The Fall of France: Act With Daring.* Osprey Publishing. Ford, K. 2000. *The Rhineland 1945: The Last Killing Ground in the West.* Osprey Military. Ford, K. 2004. *Caen 1944: Montgomery's Break-out Attempt.* Osprey Publishing. Graham, H. 2005. *The Spanish Civil War - A Very Short Introduction.* Oxford University Press. Hazen, W. 2006. *World War II.* Good Year Books. Hosch, W. 2009. *World War II: People, Politics, and Power.* Britannica Educational Publishing. Kirchuber, R. 2013. *Operation Barbarossa - The German Invasion of Soviet Russia.* Osprey Publishing. MacDonogh, G. 2009. *After the Reich: The Brutal History of Allied Occupation.* Basic Books O'Neill, R. 2015. *The Pacific War: From Pearl Harbor to Okinawa.* Osprey Publishing. Payne, S. 2008. *Franco and Hitler: Spain, Germany, and World War II.* Yale University Press. Winchester, C. 1998. *Ostfront: Hitler's War on Russia 1941-45.* Osprey Publishing. Wright, D. 2001. *Iwo Jima 1945: The Marines Raise the Flag on Mount Suribachi.* Osprey Military. Zaloga, S. *Sicily 1943: The Debut of Allied Joint Operations.* Osprey Publishing.

Liebe Leserinnen und Leser,

Vielen Dank, dass Sie sich die Zeit genommen haben, über den Zweiten Weltkrieg zu lesen. Ich lade Sie ein, Ihre Gedanken und Überlegungen in Form einer Rezension zu teilen. Ob Sie ein bestimmtes Kapitel besonders erhellend fanden, eine Erzählung fesselnd war oder Sie konstruktives Feedback geben möchten – Ihre Einsichten sind für mich unglaublich wertvoll. Rezensionen helfen nicht nur anderen Lesern bei ihrer Entscheidung, in die Tiefen der Geschichte einzutauchen, sondern geben mir auch wertvolles Feedback, um zukünftige Ausgaben zu verbessern. Vielen Dank für Ihre Unterstützung und dafür, dass Sie diese historische Reise mit mir unternommen haben.

Um mehr über History Nerds zu erfahren, können Sie besuchen: https://www.history-nerds.com/

Herzliche Grüße,

History Nerds

Don't miss out!

Visit the website below and you can sign up to receive emails whenever History Nerds publishes a new book. There's no charge and no obligation.

https://books2read.com/r/B-A-ODOK-GJACF

BOOKS 2 READ

Connecting independent readers to independent writers.

Also by History Nerds

Königin Amanirenas
Anne Frank
Florence Nightingale
Nakano Takeko
Lyudmila Pawlitschenko
Lagertha

Geschichte der welt
Die Geschichte Schottlands
Die Geschichte von Wales

Great Wars of the World
War Omnibus
World War 1
World War 2
The Napoleonic Wars: One Shot at Glory
The Serbian Revolution: 1804-1835
Peace Won by the Saber: The Crimean War, 1853-1856
The American Civil War

Pirate Chronicles
Grace O'Malley: The Pirate Queen of Ireland
Blackbeard
William Kidd
Ching Shih
Anne Bonny

The History of England
Roman Britain
Medieval England
The Wars of the Roses
Tudor England

The History of the Vikings
The History of the Vikings
Vikings
Longships on Restless Seas

Weltenbrand: Die großen Konflikte
Erster Weltkrieg
Zweiter Weltkrieg
Die Napoleonischen Kriege

Women of War
Boudica: Queen of the Iceni
Joan of Arc
Irena Sendler
Virginia Hall
Queen Amanirenas
Anne Frank
Florence Nightingale
Nakano Takeko
Lyudmila Pavlichenko

Lagertha
Women of War Omnibus: Books 1-5
Women of War Omnibus: Books 6-10

World History
The History of the United Kingdom
The History of Ireland
The History of America
The History of Scotland
The History of Wales
The History of India
The History of Canada

Standalone
Grace O'Malley: Die Piratenkönigin von Irland

Milton Keynes UK
Ingram Content Group UK Ltd.
UKHW041833201024
449814UK00004B/387

9 798227 587312